Michael Oakeshott
Conservadorismo

Conservadorismo
Rationalism in politics, 1947
The masses in representative democracy, 1961
On being conservative, 1956
Michael Oakeshott
© Editora Âyiné, 6ª edição, 2020.
Agradecemos a Oliver Letwin
pela gentil concessão dos direitos de tradução.
Tradução: André Bezamat
Preparação: Fernanda Alvares
Revisão: Daniela Lima, Ana Martini
Projeto gráfico: Luísa Rabello
Imagem de capa: Julia Geiser
ISBN 978-85-92649-08-1

Editora Âyiné
Belo Horizonte, Veneza
Direção editorial: Pedro Fonseca
Assistência editorial: Érika Nogueira Vieira, Luísa Rabello
Produção editorial: André Bezamat, Rita Davis
Conselho editorial: Lucas Mendes de Freitas,
Simone Cristoforetti, Zuane Fabbris
Praça Carlos Chagas, 49 – 2º andar
30170-140 Belo Horizonte – MG
+55 31 3291-4164
www.ayine.com.br
info@ayine.com.br

Michael Oakeshott
Conservadorismo

Biblioteca antagonista 8

Tradução de André Bezamat

Âyiné

Sumário

  9 Racionalismo na política

77 As massas em uma democracia representativa

115 Ser conservador

Racionalismo na política

*Les grands hommes, en apprenant aux
faibles à réflechir, les ont mis sur la route
de l'erreur.*

Vauvenargues, *Maximes et Réflexions*, 221

I

O objetivo deste ensaio é analisar o caráter e a história da mais notável moda intelectual da Europa pós-renascentista. Deixo claro aqui que o racionalismo com o qual me preocupo é o racionalismo moderno. Não há dúvida de que sua superfície reflete as luzes dos racionalismos de passados mais distantes, contudo no fundo possui uma qualidade própria, e é essa qualidade que proponho levar em conta, tendo em vista seu impacto na política europeia. O que chamo de racionalismo na política não é, logicamente, a única (e não é, com certeza, a mais prolífica) moda no pensamento político europeu moderno. No entanto, é uma maneira vigorosa de pensar que, ao encontrar suporte nas filiações com o que é mais pungente na composição intelectual da Europa contemporânea, veio então a colorir as ideias, não apenas de uma, mas de todas as persuasões políticas, deixando suas marcas nas linhas de todos os partidos. De um jeito ou de outro, seja por convicção, seja por sua suposta inevitabilidade, seja por seus alegados sucessos, ou mesmo sem reflexão alguma, quase toda política atualmente se tornou racionalista ou algo muito próximo disso.

O caráter geral e a disposição do racionalista não são, a meu ver, muito difíceis de identificar. No fundo ele defende (ele sempre *defende* alguma coisa) a independência da mente em todas as ocasiões, ou seja, o pensamento livre de obrigações perante qualquer autoridade, exceto a autoridade da «razão». As circunstâncias do mundo moderno o deixaram belicoso: ele é o inimigo da autoridade, do preconceito, do meramente tradicional, costumeiro ou habitual. Sua mentalidade é ao mesmo tempo cética e otimista: cética porque não há nenhuma opinião, hábito, crença; nada tão bem enraizado ou aceito de corpo e alma que ele não hesite em questionar ou julgar sob o prisma do que chama de «razão»; otimista porque o racionalista nunca duvida do poder de sua «razão» (quando devidamente aplicada) para determinar o valor de alguma coisa, a verdade de uma opinião ou a propriedade de determinada ação. Somado a isso, ele é inspirado por uma crença numa razão comum a toda a humanidade, um poder comum de consideração racional, o que é a base e o estímulo para as argumentações: seu lema é o preceito de Parmênides: julgue através de argumentos racionais. Mas, além disso, o que empresta ao racionalista um toque de igualitarismo intelectual, ele é de alguma forma um individualista. Para ele é difícil acreditar que qualquer um que pense de maneira honesta e clara não venha a pensar como ele.

Entretanto, é um erro atribuir-lhe uma preocupação excessiva com uma argumentação *a priori*. Ele não negligencia a experiência, mas frequentemente aparenta assim o fazer por insistir sempre que é sua experiência que conta (a ideia de que tudo tem que recomeçar do zero) por causa da rapidez com que ele reduz o emaranhado e a variedade de experiências a um conjunto de princípios, os quais eventualmente vai atacar ou defender mediante bases racionais.

Ele não leva em conta o acúmulo da experiência, somente da prontidão da experiência quando esta foi convertida em uma fórmula: o passado é para ele somente um obstáculo. Ele não dispõe da capacidade negativa (a qual Keats atribuiu a Shakespeare), o poder de aceitar os mistérios e as incertezas da experiência, livre da irritante busca por ordem e distinção. O que lhe sobra, ao contrário, é a capacidade de subjugar a experiência; falta-lhe a aptidão para a apreciação minuciosa do que realmente se apresenta, o que Lichtenberg chamava de *entusiasmo negativo*, lhe restando exclusivamente o poder de reconhecer as linhas gerais que uma teoria geral impõe sobre os eventos. Sua disposição mental é de contornos gnósticos, e a lucidez da regra de Ruhnken, *Oportet quaedam nescire*, não lhe diz nada. Há algumas mentes que nos dão a impressão de terem passado por uma educação elaborada, designada com o intuito de iniciá-las na tradição e nos êxitos de suas civilizações; a impressão imediata que temos delas é de cultura, de um deleite da herança. Todavia, isso não funciona com a mente do racionalista, que nos impressiona, no melhor dos casos, por ser um instrumento neutro, sofisticadamente balanceado, mente mais bem treinada do que propriamente bem educada.

Intelectualmente, sua ambição não é bem compartilhar a experiência da raça, mas sim demonstrar que é um homem que se fez sozinho (*self-made man*). Tal traço confere a suas atividades práticas e intelectuais um aspecto quase sobrenatural de autoconsciência e empreendedorismo, desprovidas de qualquer vestígio de passividade e sentido de ritmo ou continuidade histórica. Essas práticas acabam, pois, sendo dissolvidas em uma sucessão de flutuações, cada uma a ser passada a limpo pela trina da razão. Sua mente não tem atmosfera, mudança de estação e temperatura; seus processos intelectuais, até onde é possível, são insulados de qualquer influência externa e funcionam no vazio. E tendo se separado de todo o conhecimento tradicional de sua sociedade e negado o valor de qualquer educação mais extensiva do que o treino de alguma técnica específica de análises, ele agora está apto a apontar o dedo para a humanidade, acusando-a de uma suposta falta de experiência para gerir os momentos mais críticos da vida. Caso ele fosse mais autocrítico, começaria a se perguntar como a raça humana conseguiu sobreviver até hoje sem sua habilidade. Com um entusiasmo quase poético, ele luta para viver cada dia como se fosse o primeiro, acreditando que formar um hábito é uma espécie de falha. E se, mesmo sem lançar o uso do pensamento analítico, olharmos abaixo da superfície, poderemos, possivelmente, ver no temperamento, se não no caráter mesmo desse racionalista, uma profunda desconfiança em relação ao tempo, uma impaciente fome de eternidade e um irritável nervosismo diante de tudo pontual e transitório.

Agora, de todos os cenários, talvez seja o político o menos aberto ao tratamento racional — afinal de contas, a política é a arena *par excellence* do tradicional, do circunstancial e do transitório. E de fato alguns racionalistas empedernidos já reconheceram a própria derrota nesse campo: Clemenceau, intelectualmente um filho das correntes racionalistas modernas (veja-se seu tratado sobre as morais e a religião, por exemplo), era tudo menos racionalista na política. Mas nem todos admitiram a derrota. Se colocarmos a religião como exceção, a maior vitória aparente do racionalismo se deu na política: é difícil imaginar que uma pessoa que está pronta para transferir o próprio racionalismo para os assuntos pessoais tenha receios de contemplá-lo também na condução da coisa pública.

No entanto, o que é importante observar nesses homens (ao que lhes é peculiar) não são as decisões e os atos que acabam perpetrando, mas sim as fontes de que bebem e retiram suas ideias (que com eles serão ideias conscientes e deliberadas) acerca da atividade política. Eles acreditam, claro, na mente aberta, livre de preconceito e de seu resíduo, qual seja, o hábito. Creem que a razão humana destravada (e passível de controle) seja um guia infalível para a atividade política. Além do mais, acreditam na argumentação como a técnica e a operação da «razão»; a verdade de uma opinião e o fundamento «racional» (não o uso) de uma instituição é tudo que lhes importa. Consequentemente, muitos de seus atos políticos consistem em trazer as heranças das instituições políticas, sociais e legais perante o tribunal do intelecto; e o resto é administração racional, a «razão» exercendo uma jurisdição sem grilhões sobre as circunstâncias em questão. Para o racionalista, nada possui valor somente porque existe (e certamente não porque isso existe há várias gerações), não há valor na familiaridade e nada é passível de ser deixado livre de qualquer escrutínio. E sua disposição faz com que tanto a destruição quanto a criação se tornem mais aceitáveis e, portanto, mais exequíveis do que a aceitação ou a reforma. Remendar, consertar (quer dizer, fazer qualquer coisa que requeira um conhecimento paciente do material analisado), tudo isso ele considera uma perda de tempo; e o racionalista sempre prefere a invenção de um novo aparato ao uso de um expediente corrente e já testado. Não reconhece mudança, a não ser que ela tenha sido induzida de maneira autoconsciente, e por conseguinte, ele cai facilmente no erro de identificar o costumeiro e o tradicional como algo imóvel. Isso é claramente ilustrado pela atitude racionalista no que diz respeito à tradição das ideias. Não concebe, logicamente, o mérito de reter ou melhorar tal tradição, uma vez que ambas envolvem uma postura de submissão. Ela deve ser destruída! E, para preencher seu lugar, o racionalista coloca algo que ele mesmo cria, a saber: uma ideologia, uma condensação do suposto substrato da verdade racional contida na tradição apresentada em termos formais.

A condução das relações humanas em geral, para o racionalista, é uma questão de resolver problemas, e ninguém pode pleitear ser bem-sucedido nessa tarefa se sua «razão» for inflexível devido à rendição ao hábito ou se estiver anuviada por efeito das fumaças da tradição. Para seu melhor enfrentamento, pois, o caráter que o racionalista clama para si é o do engenheiro, cuja mente (supostamente) é controlada o tempo todo pela técnica apropriada a cada situação, sempre adotando o primeiro passo, qual seja, desmerecer tudo o que não esteja atrelado a seu objetivo específico. Essa assimilação da política com a engenharia é justamente o que se pode denominar de política racionalista. Tal fenômeno é, naturalmente, tema recorrente na literatura do racionalismo. A política que ela inspira pode ser chamada política da «necessidade percebida»; para os racionalistas, a política é função dos sentimentos momentâneos. Eles esperam uma circunstância que lhes forneça problemas, no entanto rejeitam sua ajuda para encontrar as soluções. O fato de algo se colocar entre a sociedade e a satisfação de suas «necessidades percebidas» em cada momento da história deve soar para o racionalista como um canto místico e absurdo. E sua política é, na verdade, a solução racional de cada um desses enigmas ao longo do tempo, os quais o reconhecimento da soberania de tais «necessidades percebidas» cria de forma perpétua na vida de uma sociedade. Dessa maneira, a vida política é dissolvida em um composto de sucessivas crises, cada qual a ser superada pela aplicação da razão. De fato, cada geração, cada administração deveriam ver diante de seus olhos o desvelamento de uma página em branco de infinitas possibilidades. E, se por algum acaso essa *tabula rasa* tiver sido deformada por alguns rabiscos de um ancestral contaminado pela praga da tradição, então a primeira tarefa do racionalista deve ser passar a borracha em cima: como destacou Voltaire, o único jeito de termos boas leis é queimando todas as leis existentes e começar do zero.

Duas outras características da política racionalista devem ser observadas. Elas são a política da perfeição e a da uniformidade; qualquer uma delas sem a outra denota outro estilo de política, sendo a essência mesma do racionalismo sua combinação. A erradicação da imperfeição pode ser considerada o primeiro item do credo racionalista. Não é que lhe falte humildade; ele pode imaginar um problema impermeável aos ditames da razão. Entretanto, o que ele não pode conceber é uma política que não consista em resolver problemas, ou um problema político o qual não tenha solução racional. Caso exista, ele há de ser falso, e a solução racional de qualquer problema é, por definição, a solução perfeita. Não existe espaço em seu esquema para o «de acordo com as circunstâncias», somente um lugar para «o melhor»; porque a função da razão é precisamente transpor esses contextos. É evidente que o racionalista não é sempre perfeccionista nos assuntos em geral, sendo sua mente governada em cada ocasião por uma compreensível utopia; contudo, invariavelmente ele é um perfeccionista nos detalhes. E de sua política da perfeição se desprende a política da uniformidade: em um esquema onde não se reconhece circunstância, não cabe falar em variedades. «Deve haver na natureza das coisas uma melhor forma de governo em que todos os intelectuais, suficientemente despertos do sono da ignorância selvagem, serão irresistivelmente incitados a instaurá-la», escreve Godwin. Esse intrépido racionalista afirma, em geral, o que um crente modesto talvez preferisse colocar somente em detalhe; mas o princípio ainda vale — pode ser que não haja um remédio universal para todos os males políticos, mas o remédio para cada mal em particular é tão universal em sua aplicação quanto o é em sua concepção racional. Se a solução racional para um dos problemas da sociedade já foi determinada, permitir que alguma parte relevante da sociedade não a experimente seria, *ex hypothesi*, ceder à irracionalidade. Não é legítimo falar em preferências que não sejam as de ordem racionais, e todas elas se coincidem. A atividade política é tida, portanto, como a imposição de uma condição uniforme de perfeição sobre a conduta humana.

A história moderna da Europa é permeada de projetos da política racionalista. O mais sublime de todos provavelmente foi o de Robert Owen de «uma convenção mundial para emancipar a raça humana da ignorância, da pobreza, da divisão, do pecado e da miséria...», tão sublime que até mesmo um racionalista (mas sem muita justificativa) pode achar excêntrico. Ainda assim, não menos característico seria a diligência na busca da geração atual por um poder inócuo mundial que pode chegar seguramente a ser tão grande que seria possível controlar todos os outros, além, é claro, da disposição comum em acreditar que essa máquina de poder teria condições de substituir a educação política e moral. A noção de fundar uma sociedade, seja de indivíduos seja de Estados, tomando como referência uma «Declaração de direito do homem» é uma criação do cérebro racionalista, assim como o são a justificativa para o mesmo fim com base em autodeterminação «nacional» ou racial quando elevadas a princípios universais. Os projetos que incluem a chamada Reunião das Igrejas Cristãs, da diplomacia aberta, do imposto único, de um serviço civil cujos membros «não têm como qualificação apenas suas habilidades pessoais», de um plano de uma sociedade autoconsciente, a Beveridge Report, o Education Act de 1944, federalismo, nacionalismo, Votes for Women, a Catering Wages Act, a destruição do Império austro-húngaro, o Estado mundial (de H. G. Wells ou de outros mais) e a ressurreição do gaélico como língua oficial da Irlanda são todos crias do racionalismo. A estranha geração do racionalismo na política ocorre através do poder soberano e do romanticismo.

II

O plácido lago do racionalismo se reflete perante nós no caráter e na disposição do racionalista, sua superfície é familiar e de forma alguma pouco convincente, suas águas são sempre abastecidas por vários afluentes. Porém, em suas profundezas flui uma correnteza velada, a qual, mesmo não sendo a fonte original de onde o lago brotou, quiçá venha a ser sua mais eminente fonte de resistência. Essa correnteza é a doutrina sobre o conhecimento humano. O fato de ela se encontrar no coração do racionalismo não surpreenderá nem aqueles que conhecem apenas sua superfície: a superioridade do intelecto menos sobrecarregado está precisamente em que este pode atingir um maior e mais certeiro conhecimento sobre o homem e a sociedade do que era antes possível; a superioridade da ideologia em detrimento da tradição está em sua maior precisão e em sua alegada demonstrabilidade. No entanto, ela não é, propriamente falando, uma teoria do conhecimento filosófico, e portanto pode ser explicada com uma informalidade aprazível.

Toda ciência, toda forma de arte, toda atividade prática que requer uma habilidade em certa medida, para não dizer toda e qualquer atividade humana, envolvem conhecimento. E, de modo universal, esse conhecimento é de dois tipos, sendo ambos sempre envolvidos em alguma função real. Não seria, penso eu, exagero dizer que eles formam inclusive dois campos de conhecimento, mesmo porque (apesar de eles não viverem separadamente) existem certas diferenças importantes entre os dois. O primeiro campo de conhecimento chamarei de conhecimento técnico ou conhecimento da técnica. Em cada forma de arte e de ciência, e em cada atividade prática, uma técnica se faz presente. Em variadas atividades esse conhecimento técnico é formulado através de regras que são, ou podem ser, ativamente aprendidas, relembradas e, como dizemos, colocadas em prática. Tendo sido ele formulado ou não, sua principal característica é ser suscetível de uma formulação precisa, mesmo que uma habilidade especial ou um instinto se façam necessários para que ela venha à luz. A técnica (ou parte dela) de dirigir um carro em estradas inglesas pode ser encontrada no Highway Code, a técnica de cozinhar está contida em livros de culinária e a técnica que versa sobre as regras do descobrimento das ciências naturais ou da história está em suas leis de pesquisa (no que diz respeito à observação e à verificação de dados). O segundo campo de conhecimento chamarei de prático, pois ele existe somente em uso, não sendo passível de reflexão e (diferentemente do técnico) nem de ser formulado por regras. Isso não significa, contudo, que seja uma forma de conhecimento inválida. Significa unicamente que o método pelo qual pode ser compartilhado e com isso transformado em conhecimento comum não pertence ao método de uma doutrina formulada. E, se consideramos a questão desse ponto de vista, não estamos, acredito eu, desviando do ponto central ao falarmos dele como conhecimento tradicional. Em qualquer ofício esse tipo de conhecimento também se faz presente: a maestria em toda a habilidade, a busca por qualquer atividade concreta é impossível sem ele.

Portanto, esses dois tipos de conhecimento, distinguíveis, porém inseparáveis entre si, são os componentes siameses do conhecimento que permeia todas as atividades humanas concretas. Em uma arte prática, como a culinária, ninguém supõe que o conhecimento que pertença a um bom *chef* está confinado ao que está ou fora escrito em um livro sobre o ato de cozinhar; a técnica e o que chamei de conhecimento prático se combinam para a construção da habilidade de cozinhar onde quer que tal arte esteja. E o mesmo vale para as belas-artes, quais sejam, a música, a pintura, a poesia; um alto grau de conhecimento técnico, mesmo onde ele se faz presente tanto de maneira sutil quanto mais escancarada, é uma coisa; a habilidade de criar um trabalho de arte, de compor algo com qualidades musicais reais, de escrever um belo soneto, é outra, e ela requer, além da técnica, esse outro tipo de conhecimento. Novamente, esses dois tipos de conhecimento estão envolvidos em qualquer atividade genuinamente científica. O cientista natural fará certamente o uso de regras de observação e verificação de dados que pertence a sua técnica, no entanto essas regras permanecem sendo apenas um componente de seu conhecimento; o avanço nas descobertas científicas nunca foi realizado unicamente seguindo as normas. A mesma situação pode ser observada na religião. Seria, a meu ver, demasiado liberal tachar um homem de cristão quando este se mostra ignorante de todo o lado técnico do cristianismo, e não saiba sobre a crença e as liturgias peculiares à prática religiosa; mas seria ainda mais absurdo defender que até o maior conhecedor dos dogmas e do catecismo relativos ao cristianismo possa ser por isso tido como cristão. E o que é verdadeiro para a culinária, para a pintura, para as ciências naturais e para a religião, também o é para a política: o conhecimento envolvido na atividade política é tanto técnico quanto prático. A bem da verdade, assim como em toda arte que tem o homem como o matéria-prima, a título de exemplo a medicina, a administração industrial, a diplomacia e a arte do comando militar, o conhecimento que permeia a política é eminentemente constituído desse caráter dual. Também não seria correto asseverar que, em todas essas artes, enquanto a técnica diz ao homem (por exemplo, um médico) o que fazer, é a prática que diz como proceder na relação médico-paciente e toda a apreciação mútua que envolve esse trato. Mesmo no lado da equação do «que fazer», e acima de tudo na etapa do diagnóstico, já existe esse dualismo da técnica e da prática: não há conhecimento que não seja o próprio *know-how*. Também é preciso não misturar a distinção entre conhecimento técnico e prático com a diferença entre conhecimento de meios e conhecimento de fins, mesmo que algumas vezes as aparências nos conduzam a isso. Resumindo, em nenhuma área, especialmente na política, é possível separar o conhecimento técnico do prático, assim como em nenhum campo eles podem ser considerados idênticos entre si e por conseguinte um assumir o lugar do outro.

Destarte, o que nos preocupa agora são as diferenças entre eles; e as distinções que realmente importam são as que se manifestam nos caminhos divergentes pelos quais esses tipos de conhecimento se expressam, assim como nas semelhanças pelas quais eles podem ser aprendidos, adquiridos.

O conhecimento técnico, como vimos, é suscetível de ser formulado através de regras, princípios, direções, máximas, proposições. Em suma, é possível deixar por escrito, em um livro, o conhecimento técnico. Consequentemente, não nos surpreende que, quando um artista escreve sobre sua arte, ele escreva exclusivamente sobre a técnica desprendida para sua realização. Isso ocorre não porque ele seja ignorante em relação ao que se pode chamar de elemento estético, ou mesmo porque o considera sem importância, mas sim porque o que ele tinha para dizer acerca desse tema ele já o disse (se ele for pintor) em suas pinturas, não conhecendo outro modo de expressá-lo. E o mesmo acontece com um homem religioso ao escrever sobre sua religião ou um cozinheiro sobre sua receita. Deve ser observado que esse traço de suscetibilidade de formulações precisas dá ao conhecimento técnico ao menos uma aparência de certeza: parece ser possível estar totalmente seguro acerca de uma técnica. Por outro lado, é uma característica do conhecimento prático não ser passível de formulações dessa natureza. Sua expressão natural está na maneira costumeira e tradicional de fazer as coisas ou, colocando de forma simples, na prática por si só. E isso passa a impressão de imprecisão e, portanto, de incerteza, podendo cair no terreno de uma mera opinião ou ser tragada pelo jogo das probabilidades, ao invés da segurança da verdade. O certo é que ele é um conhecimento expressado no gosto pelo ato do conhecimento em si, livre de qualquer rigidez e aberto simplesmente à impressão deixada na mente do receptor.

O conhecimento técnico pode ser aprendido através de um livro, de um manual; ele pode ser obtido com um curso à distância. Além disso, sua maior parte pode ser absorvida de cor e aplicada de maneira mecânica: a lógica do silogismo é uma técnica que se enquadra nesses parâmetros. *Grosso modo*, o conhecimento técnico pode ser tanto ensinado quanto aprendido. Por outro lado, o conhecimento prático não pode ser nem ensinado nem aprendido, apenas comunicado e adquirido. Ele existe única e exclusivamente na prática, sendo possível sua aquisição através do relacionamento com um mestre — e não porque um mestre pode ensiná-lo (de fato ele não pode), mas devido ao motivo de que sua aquisição se dá somente após um contato contínuo com alguém que o pratica constantemente. Nas artes e nas ciências naturais, o que normalmente acontece é que o pupilo, ao ser ensinado e com o tempo apreendendo as técnicas de seu mestre, descobre por fim ter adquirido outro tipo de conhecimento meramente de ordem técnica, sem que tenha sido necessário que fosse passado verbalmente nem que ao menos fosse possível precisar o que realmente é.

Por isso um pianista adquire talento artístico técnico, já um jogador de xadrez desenvolve instinto de jogo somado ao conhecimento dos movimentos das peças, e um cientista absorve (dentre outras coisas) o tipo de julgamento que lhe permite auferir se sua técnica o está conduzindo na direção correta e na destreza de distinguir entre as direções promissoras e as medíocres.

Bem, da forma como entendo, o racionalismo é a postura que defende que o que chamo de conhecimento prático não é conhecimento de maneira alguma, uma vez que postula que fora do conhecimento técnico não há lugar para nenhum outro conhecimento que se possa chamar de real. O racionalista sustenta que o único elemento envolvido em qualquer atividade humana é o de composição técnica, e que o que denomino conhecimento prático é somente uma forma de esoterismo que poderia ser deixada de lado, salvo pelo fato de seu alto potencial ludibriador. A soberania da razão, para o racionalista, significa a soberania da técnica.

O mérito da questão é a insistência do racionalista com a certeza. Técnica e certeza são, para ele, invariavelmente mescladas, uma vez que tal conhecimento é, sob seu ponto de vista, um conhecimento que se basta, não sendo necessário olhar para além de seus confins para confirmar sua veracidade; conhecimento, portanto, que não só termina em certeza, mas começa com certeza e faz uso da certeza durante todo o processo de investigação. E isso é exatamente o que a técnica aparenta representar. Parece ser um tipo de conhecimento que se autocompleta porque varia entre um ponto inicial identificável (de onde ele rompe com a ignorância total) e um ponto terminal delimitado, onde ele se faz completo, como na aprendizagem de um novo jogo. Ele tem o aspecto do conhecimento que pode ser confinado dentro das capas de um livro, cuja aplicação é, na medida do possível, puramente mecânica, e que não parte do pressuposto de um conhecimento fora do fornecido pela técnica. A título de exemplo, a superioridade de uma ideologia em detrimento da tradição do pensamento reside em sua aparência de que se autocontêm. Ela pode ser mais bem ensinada àqueles que possuem a mente vazia; e, se ela for ensinada a alguém que já crê em alguma coisa, o primeiro passo do professor é levar a cabo um expurgo, garantindo que todos os preconceitos e pressuposições sejam removidos, cimentando o caminho para a base indestrutível da ignorância absoluta. Concluindo, o conhecimento técnico parece ser o único tipo de conhecimento que satisfaz o padrão de certeza que o racionalista escolheu.

Como eu disse anteriormente, o conhecimento envolvido em toda e qualquer atividade concreta nunca é somente de ordem técnica. Se isso for de fato verdade, o erro do racionalista decorre de uma simples confusão: tomar a parte pelo todo, ou melhor, atribuir à parte qualidades do que pertence ao todo. Mas o erro do racionalista não para por aí. Se considerarmos que sua grande ilusão é a existência de uma soberania da técnica, ele acaba por ser enganado pela aparente certeza produzida por dito conhecimento. Sua superioridade reside no falso pressuposto de que tenha surgido de um puro estado de ignorância até chegar a um conhecimento certo e completo. Assim como com qualquer tipo de conhecimento, aprender uma técnica não necessariamente consiste em despir-se de ignorância pura, mas sim em reformar um conhecimento já possuído. Nada, nem mesmo a técnica mais autossuficiente (as regras de um jogo, por exemplo), pode ser explicado para uma mente vazia, pois o conteúdo da explicação é nutrido pelo que já continha lá dentro. Um homem que sabe as regras de um jogo, de acordo com essa linha de raciocínio, rapidamente assimila as regras de outro jogo; do outro lado do espectro, um homem inteiramente por fora de regras de qualquer espécie (se é que seja possível imaginar tal pessoa) seria um pupilo pouco promissor. E assim como o *self-made man* nunca é literalmente *self-made*, sempre dependente de certo tipo de sociedade e de uma ampla herança difícil de ser mensurada, o conhecimento técnico nunca se basta também, e, se ele causa essa impressão, é por acreditarmos em um falso pressuposto de sua origem. Se sua autossuficiência é ilusória, a certeza que lhe foi atribuída também é uma ilusão.

Mas meu objetivo aqui não é refutar o racionalismo; seus erros só são atraentes na medida em que revelam seu caráter. Aqui consideramos não meramente a verdade de uma doutrina, mas sim a importância de seu arcabouço intelectual na história da Europa pós-renascentista. Portanto, a pergunta para a qual devemos buscar a resposta é: que geração adotou essa verdade da soberania da técnica? De onde surgiu essa confiança suprema na razão humana assim interpretada? Qual é a origem, o contexto mesmo, de tal personagem intelectual histórico? E sob quais circunstâncias e com que efeitos isso veio a invadir a política europeia?

III

O surgimento de um novo personagem intelectual é como o de um novo estilo arquitetônico: ele emerge de forma quase imperceptível, sob a pressão de uma enorme gama de influências, e por conseguinte seria imprudente seguir em uma busca por suas origens. A verdade é que não há como falar em origens; tudo o que pode se perceber são mudanças levemente administradas, o obscuro embaralhar e desembaralhar, o balanço das marés de inspiração que sobe e recua, desaguando eventualmente em um formato novo e finalmente identificável. A ambição do historiador é justamente superar o reducionismo do processo que confere a essa nova forma uma definição excessivamente precoce ou excessivamente tardia e em todo caso excessivamente precisa além daquela de evitar a falsa ênfase que nasce de uma estupefação no momento em que o fenômeno emerge de maneira inconfundível. Contudo, para aqueles cujas ambições não alçaram voo demasiadamente altos, esse momento de emergência apresenta um interesse dominante para entender o racionalismo. Em vista disso, proponho encurtar meu escopo no que tange à ascensão do racionalismo moderno, começando, pois, a partir do momento em que ele se identifica de maneira incontestável, considerando apenas um elemento do contexto. O ponto inicial são os primórdios do século XVII, aliás vinculado, *inter alia*, à condição do conhecimento, tanto do mundo natural quanto do mundo civilizado de então.

O estado do conhecimento europeu no início do século XVII era de certa forma peculiar. Notáveis avanços já haviam sido logrados, a maré de investigações fluía tão fortemente quanto em qualquer outro período de nossa história, e a fertilidade das suposições que inspiravam tais inquisições não dava sinal de arrefecimento. E mesmo assim, para alguns observadores, havia algo no ar que dizia que alguma coisa de extrema importância estava faltando. «O estado do conhecimento», escreveu Bacon, «não é próspero nem muito avançado.» E esse desejo de prosperidade era incompatível com a sobrevivência de uma disposição mental hostil à sorte de investigação que estava sendo perpetrada: ela era tida como um fantasma que rondava as mentes já totalmente emancipadas das pressuposições (apesar claro, de alguns dos detalhes) da ciência aristotélica. O que parecia estar em falta não era inspiração nem sequer hábitos metodológicos de questionamentos, mas sim uma técnica de pesquisa conscientemente formulada, uma arte de interpretação, um método cujas regras haviam sido documentadas. E o projeto de compensar por esse desejo de prosperidade foi a ocasião incontestável da emergência desse novo personagem intelectual que chamo de racionalista. Lendo as obras das figuras dominantes do começo da história desse projeto, Bacon e Descartes, podem--se encontrar vestígios do que viria a definir o personagem racionalista.

A ambição de Bacon era equipar o intelecto com o aparato necessário para conseguirmos desenvolver um conhecimento certo e demonstrável do mundo ao redor. Esse conhecimento não é factível através do uso de uma «razão natural», uma vez que esta só é capaz de «conjecturas prováveis e triviais». Superar tamanha imperfeição foi o que levou à associação da prosperidade com o aperfeiçoamento do estado do conhecimento. O *Novum Organum* começa com o diagnóstico do quadro da situação intelectual. O que falta é uma clara percepção da natureza da certeza e meios adequados para atingi-la. «Ainda persiste», afirma Bacon, «somente um caminho para a recuperação de uma sóbria e saudável condição — ou seja, que todo o trabalho de entendimento comece do zero, e que a mente por si só não seja deixada à mercê de seu próprio curso, mas sim guiada em cada passo.» O que requer um «plano seguro», um novo «jeito» de entender, uma «arte» ou «método» de investigação, um «instrumento» que, assim como os aparatos mecânicos que o homem usa para aumentar a efetividade de sua força natural, suplantará a fraqueza da razão natural: em síntese, é necessária uma técnica bem formulada de investigação. Ele reconhece que sua técnica surgirá como um obstáculo para a razão natural, não lhe fornecendo asas, mas ao invés disso impondo-lhe amarras no intuito de tolher sua exuberância; no entanto, será uma trava para as travas da certeza, haja vista que é justamente a falta de disciplina que se interpõe entre a razão natural e um conhecimento objetivo da realidade. E Bacon compara essa técnica de pesquisa com a do silogismo, apontando uma que serve para descobrir a verdade das coisas, enquanto a outra é apropriada para auferir somente a verdade de opiniões.

A arte da pesquisa que Bacon recomenda possui três características. Primeiro, o fato de que é constituída de um conjunto de regras; é uma técnica verdadeira na qual pode ser formulado um agregado exato de direções que podem ser apreendidas de cor. Em segundo lugar, é um conjunto de regras cuja aplicação é puramente mecânica: é uma técnica verdadeira devido ao fato de não requerer para seu uso nenhum conhecimento ou inteligência não explicitado na técnica por si só. Bacon é muito claro nesse ponto. O segredo para interpretar a natureza é «tratá-la como se fosse uma máquina», «a força e a excelência do espírito (de quem investiga) têm pouco a ver com o problema, o novo método coloca toda a perspicácia e o entendimento praticamente em níveis iguais». Em terceiro lugar, é um conjunto de regras de aplicação universal; é uma técnica verdadeira que consiste em ser um instrumento de observação indiferente ao tópico-problema do estudo.

O que é significante nesse projeto não é o caráter preciso das regras de perscrutação, ambas positivas e negativas, mas a noção de que uma técnica desse tipo é mesmo possível. Porque o que está sendo proposto — regras infalíveis de descoberta — é algo um tanto quanto notável, uma espécie de pedra filosofal, uma chave para abrir todas as portas, uma «ciência mestra». Bacon é humilde o suficiente em relação aos detalhes desse método, admitindo que talvez não haja arrematado sua formulação final; apesar disso, sua crença na possibilidade de um «método» geral não demonstra limite algum. Sob nosso ponto de vista, a primeira dessas regras seria a mais importante, nela verificando o preceito de que devemos deixar de lado dada opinião, de que devemos «começar de novo a partir de novos fundamentos». O conhecimento genuíno deve começar com uma faxina geral na mente, dado que ele deve sair e finalizar de certezas, sempre completo em torno de si mesmo. O conhecimento e a opinião são separados de maneira absoluta; não há a menor hipótese de um conhecimento verdadeiro triunfar tendo saído de «noções infantis que nos foram impregnadas lá atrás». E esse aspecto, é importante deixar claro, é o que distingue ambos, platônicos e escolásticos do moderno racionalismo. Platão é um racionalista, porém a dialética não é uma técnica, e o método da Escolástica sempre carregou um objetivo limitado.

A doutrina do *Novum Organum* pode ser resumida, de acordo com nossa perspectiva, como a soberania da técnica. Ela representa não meramente a preocupação com a técnica combinada com a admissão de que o conhecimento técnico nunca é o conhecimento como um todo, mas sim a afirmação de que a técnica e qualquer que seja o substrato sobre o qual ela aja é tudo que importa. Sem embargo, isso não é em si o início dessa nova moda intelectual, é unicamente sua insinuação clara e primitiva na cronologia histórica: a moda em si pode ter se originado dos exageros das esperanças de Bacon mais do que propriamente do caráter de suas crenças.

Descartes, aos moldes de Bacon, se inspirou no que parecem ser os defeitos da investigação contemporânea; ele também percebeu uma falta de consciência e de uma formulação técnica precisa nas inquirições. E o método proposto no *Discours de la Méthode* e no *Regulae* corresponde muito ao do *Novum Organum*. Para Descartes, não menos do que para Bacon, o intento era cristalino: a certeza. Um conhecimento seguro só pode florescer em uma mente vazia; a técnica da pesquisa, repita-se, se inicia com uma faxina geral na mente. O primeiro princípio de Descartes é «*de ne recevoir jamais aucune chose pour vraie que je ne la conusse evidemment être telle. C'est à dire d'eviter soigneusement la précipitation et la prévention*», «*de batir dans un fond qui est tout à moi*», e o investigador tem que ser «*comme un homme qui marche seul et dans les ténèbres*». Mais adiante, em segundo lugar, a técnica da investigação formulada dentro de um conjunto de regras compõe, idealmente, um método infalível cuja aplicação é mecânica e universal. Em terceiro e por último, não havendo meio-termo no conhecimento, o que está fora do âmbito da certeza é mero esoterismo. Descartes, no entanto, difere de Bacon no que diz respeito à enorme influência em sua educação da filosofia escolástica e na profunda impressão que a demonstração geométrica exerceu sobre sua mente. É certo que os efeitos dessas distinções acabaram deixando suas formulações das técnicas de inquirições mais precisas e consequentemente mais críticas. Sua mente estava orientada na direção de um projeto de método de pesquisa universal infalível, mas como o método que ele traz à baila é moldado nessa geometria, sua limitação no momento da aplicação, não nas possibilidades, mas nas coisas, é patente. Descartes é mais minucioso do que Bacon ao tecer seu ceticismo por conta própria e, no fim, ele reconhece ser um erro supor que o método seja o único meio de investigação. A soberania da técnica vira um sonho e não uma realidade. Entretanto, a lição que seus sucessores acreditam haver contraído de Descartes foi a soberania da técnica e não seus questionamentos em relação à exequibilidade de um método infalível.

Por um perdoável reducionismo da história, o personagem racionalista pode ser visto como tendo sido expelido do exagero das esperanças de Bacon e de uma negligência em relação ao ceticismo de Descartes; o racionalismo moderno é o que mentes comuns conseguiram tirar da inspiração de homens dotados de distinção e gênio. *Les grands hommes, en apprenant aux faibles à reflechir, les ont mis sur la route de l'erreur.* Mas a história do racionalismo não é somente a gradual emergência e definição desse novo personagem intelectual; é também a história da invasão a cada departamento de atividade intelectual pela doutrina da soberania da técnica. Descartes nunca se transformou em um cartesiano; assim como Bouillier se refere ao século XVII, «*le cartesianisme a triomphé; il s'est emparé du grand siècle tout entier, il a pénétré de son esprit, non seulement la philosophie, mais les sciences et les lettres elles mêmes*». É de conhecimento comum que, a essa época, tanto na poesia como no teatro, havia uma eminente concentração na técnica, nas regras de composição, na observância de *bienséances* da literatura, algo que seguiu inalterado durante quase dois séculos. Um rio de livros jorrou das editoras a respeito da «arte da poesia», da «arte de viver», da «arte de pensar». Nem a religião, nem a ciência natural, nem a educação e nem mesmo a conduta de vida escaparam da influência do novo racionalismo; nenhuma atividade estava imune, nenhuma sociedade foi poupada.

As mudanças lentamente administradas pelas quais os racionalistas do século XVII se transformaram no racionalista tal como conhecemos hoje fazem parte de uma longa e complexa história a qual não proponho nem mesmo a arriscar um reducionismo. Somente julgo ser importante observar que, à medida que se foi distanciando das fontes originais de inspiração, nosso personagem racionalista foi ficando cada vez mais cru e vulgar. O que no século XVII era «*l'art de penser*» agora se metamorfoseou em «sua mente e como usá-la, um plano de especialistas mundialmente famosos para desenvolver uma mente treinada por uma fração do custo normal». O que outrora era a arte de viver se transfigurou em técnicas para o sucesso. E as antigas e mais modestas incursões da soberania da técnica na educação tomou a roupagem de *Pelmanism*.

As motivações mais profundas que encorajaram e desenvolveram essa moda intelectual são, sem maiores surpresas, obscuras; estão escondidas nos recessos da sociedade europeia. No entanto, entre outros fatores, sua ascensão está intimamente relacionada a um declínio na crença na Providência divina: uma boa e infalível técnica substituiu um benevolente e infalível Deus; como a Providência não conseguia corrigir os erros dos homens, concluiu-se que o importante era preveni-los. É certo também que o solo que a fertilizou consistia em uma sociedade na qual se acreditava que o que era descoberto valia mais do que o herdado, uma geração por demais impressionada com seus próprios logros e, portanto, suscetível às ilusões de grandeza intelectual, traços típicos da maluquice de uma Europa pós-renascentista. Em suma, uma geração nunca em paz com sua mente porque nunca conciliada com seu passado. E a visão de uma técnica que colocava todas as mentes em um mesmo patamar forneceu o atalho que atrairia homens desvairados, sedentos por parecer educados, mas incapazes de apreciar o detalhe concreto de toda sua herança. Em parte, ainda devido à influência do racionalismo, verifica-se que o número de homens dessa estirpe vem aumentando consistentemente desde o século XVII. Pode mesmo ser dito que todas, ou quase todas, as influências da época que impactaram o personagem racionalista acabaram eventualmente atingindo com mais força ainda nossa civilização atual.

É importante frisar que o racionalismo não se estabeleceu facilmente e livre de oposição. Em alguns campos da atividade humana, como a literatura, ele até parecia ter encontrado campo fértil, para aos poucos ser deixado de lado. A verdade é que em todos os níveis e em todas as disciplinas têm havido uma crítica contínua e uma resistência ferrenha aos ditames do racionalismo. E a significância da doutrina da soberania da técnica fica ainda mais clara quando consideramos o que um de seus primeiros e mais profundos críticos tinha a dizer a seu respeito. Pascal era um crítico sensato de Descartes, não por se opor a ele em tudo, mas por se postar contra suas bases fundamentais. Primeiramente, ele percebeu que o desenho cartesiano que sustentava a busca por um conhecimento objetivo era baseado em um falso critério de objetividade. Descartes começa por algo tão certo que não pode ser posto em dúvida, e por isso foi levado a acreditar que todo o conhecimento genuíno é o de ordem técnica. Pascal evitava essa conclusão através de sua doutrina da probabilidade: o único conhecimento objetivo assim o é devido a sua parcialidade; o paradoxo do conhecimento provável carrega mais da verdade total do que certo conhecimento isolado. Em segundo lugar, Pascal percebeu que o raciocínio cartesiano nunca é de fato toda a fonte do conhecimento envolvido em alguma atividade concreta. De acordo com ele, a mente humana não é de todo dependente de uma técnica formulada conscientemente para seu ótimo funcionamento; e, mesmo quando uma técnica se faz presente, a mente a observa «*tacitement, naturellement et sans art*». A exata formulação de regras para a investigação a coloca em perigo por exagerar a importância do método. Pascal teve seus seguidores, e é certo que muito da história da filosofia moderna gira em torno dessa questão. Ainda assim, mesmo que escritores seguintes tenham elaborado uma crítica mais minuciosa, poucos detectaram de maneira tão segura como Pascal que a significância do racionalismo não se encontra na ênfase ao conhecimento técnico, mas sim em sua cegueira quanto aos outros conhecimentos: seu erro filosófico reside na certeza que é atribuída à técnica e em sua doutrina de soberania desta; seu erro prático advém da crença de que nada além de benefícios despontaria de uma conduta autoconsciente.

IV

Era improvável que a política como um todo escapasse de um estilo intelectual tão forte e eloquente como o desse racionalismo. Não obstante, o que à primeira vista é considerável é o fato de a política não ter sucumbido antes dos outros campos de atividade humana a essa avalanche ideológica. A força da invasão do racionalismo em diversos aspectos da vida tem variado ao longo dos últimos quatro séculos, porém na política sua magnitude é clara: tem aumentado consistentemente e é mais avassaladora hoje do que em qualquer outro período da história. Nós já consideramos aqui a disposição intelectual em geral do racionalista quando ele se engaja em política; o que falta ser analisado são as circunstâncias que levaram a política europeia a se render tão plenamente ao racionalista e, em seguida, os resultados dessa rendição.

O fato de que a política contemporânea se encontra amplamente infectada pelo vírus do racionalismo será rejeitado somente por aqueles que escolherem dar outro nome a essa infecção. Não somente nossos vícios políticos são de cunho racionalista, mas também nossas virtudes. Nossos projetos são, em geral, racionalistas em intenção e caráter; contudo, o mais importante é que toda nossa disposição mental também é determinada nesses moldes. Por outro lado, os elementos tradicionais, em especial no que toca à política inglesa, supostamente um bastião contrário às pressões do racionalismo, por fim se entregaram inteiramente ao temperamento intelectual predominante. Inclusive houve quem acreditasse que tal conformidade era um sinal de vitalidade, a prova de sua habilidade de reinventar-se com o tempo. O racionalismo deixou de ser um estilo de política e acabou se tornando critério para julgar toda a política respeitável.

A profundidade a que chegou a invasão do ímpeto racionalista em nosso pensamento e prática política é ilustrada pela extensão com que o comportamento tradicional foi cedendo lugar à ideologia e pela proporção com que a política da destruição e da criação substituiu a da reparação, sedimentando a ideia de que tudo que fora planejado consciente e deliberadamente é preferível (justamente por isso) ao que foi sendo moldado de maneira inconsciente com o passar dos anos. A conversão de hábitos comportamentais, sempre adaptáveis e nunca fixos e acabados, em rígidos sistemas formados de ideias abstratas, não é, obviamente, algo novo: pelo menos no que diz respeito à Inglaterra, tal fenômeno começou no século XVII, no alvorecer da política racionalista. No entanto, havia um entrave a esse processo de conversão que representava uma força de resistência involuntária: a informalidade da política inglesa (o que nos possibilitou escapar durante um bom tempo da ilusão da erradicação da perfeição, na medida em que se colocava um valor maior no ato da ação política em si do que em seus objetivos), algo que hoje foi transformado não em entrave natural, mas condensado em uma ideologia de oposição. Isso explica o significado maior por trás da importância da obra de Hayek *Road to Serfdom* — pois não é o conteúdo da obra que sobressai, mas o fato de que este se tornou uma doutrina. Um plano para resistir a todos os planos pode ser melhor do que seu oposto, porém cai na mesma categoria de política. E somente em uma sociedade demasiadamente infectada pelo vírus do racionalismo é possível considerar que uma conversão das fontes tradicionais de resistência à tirania racionalista em uma ideologia autoconsciente pode ser tida como um fortalecimento delas. A sensação é a de que hoje em dia quem quiser participar e se fazer ouvir na política tem que possuir, no estrito senso do termo, uma doutrina: se você não tiver uma doutrina você se vende como frívolo, de reputação ruim. E a santidade, que pertencia à política piamente atrelada aos valores tradicionais, agora é propriedade exclusiva da política racionalista.

A política racionalista, dizia eu, é a política das necessidades percebidas, necessidades estas qualificadas não por um conhecimento concreto e genuíno dos interesses permanentes e de uma direção de movimento de uma sociedade, mas sim interpretada pela razão e corroborada por uma técnica oriunda de uma ideologia; é a política dos manuais. E vale ressaltar que essa é uma característica de quase toda a política contemporânea: não ter um manual é estar desprovido do essencial, e tê-lo e não segui-lo é manchar a reputação. A verdade é que é tão importante ter um caderninho de instruções que aqueles que ousaram transgredir esse mandamento acabaram no fim tendo que confeccionar um somente para uso próprio. Isso nada mais é do que um sintoma da vitória da técnica, ou seja, a raiz do que vimos ser o racionalismo moderno: o manual contém somente o que cabe em suas páginas... regras técnicas. E munidos de tal aparato (porque, mesmo que a técnica possa ser aprendida de cor e salteado, a verdade é que eles nunca absorveram bem suas lições) os políticos europeus inclinam-se sobre o banquete suculento que estão preparando para o futuro; não obstante, nos moldes de eufóricos aprendizes de cozinheiros fazendo as vezes do *chef* ausente, seu conhecimento não vai além da palavra escrita, ou seja, a mente enseja ideias em abundância, sem nenhum sabor na boca.

Dentre outras evidências do racionalismo na política contemporânea, também pode ser elencado o fato, cada vez mais banal, das petições para que ditos «cientistas» (químicos, físicos, economistas ou psicólogos) sejam ouvidos em plenário; mesmo que o conhecimento envolvido na ciência vá além do conhecimento técnico, o que um cientista desses tem a oferecer não passa de uma exposição técnica. E, sob a égide dessa prática, o intelecto na política deixa de ser uma crítica em relação ao hábito político, levando a vida de uma sociedade à perda de ritmo e continuidade, vivendo portanto, de uma eterna sucessão de problemas e crises. O folclore, por não ser enquadrado como técnica, é identificado como esoterismo, fazendo com que tudo o que Burke denominou de «parceria entre presente e passado» seja perdido.

Entretanto, não é necessário bater na tecla de que a característica mais acentuada da política contemporânea é sua inspiração racionalista: a crença predominante de que a política é algo fácil já seria por si só uma evidência mais que palpável. E, se for preciso a apresentação de um exemplo para ilustrar essa afirmação, basta se ater às propostas que vemos ser levantadas acerca do controle de manufaturas e do uso da energia atômica. A fé racionalista na soberania da técnica é a suposição da possibilidade de criar um amplo esquema de controle mecanizado das coisas em geral e dos detalhes de cada esquema em específico que foi até hoje projetado: é entendido como o que se chama de problema «administrativo». No entanto, se o racionalismo hoje reina absoluto, cabe nos perguntarmos quais foram as circunstâncias que promoveram esse contexto, uma vez que o significado de seu triunfo não se esgota nele mesmo, mas sim nas condições que o fizeram possível.

De maneira simplificada, a resposta para essa pergunta é que a política do racionalismo é a política dos politicamente inexperientes, e que a característica excepcional da política europeia nos últimos quatro séculos é que ela vem sofrendo a incursão de três tipos de inexperiência política — no que se refere ao novo mandatário, à nova classe no poder e à nova sociedade política —, deixando de mencionar o surgimento de um novo sexo, posteriormente elaborada pelo senhor Shaw. Não é preciso aqui debruçar sobre as vantagens da política racionalista para aqueles que não foram educados para a realização da arte de fazer política, mas que agora deparam com situações em que devem exercer autoridade e levar a cabo todo tipo de atividade em tal arena. O manual citado se faz tão necessário ao aprendiz que não há motivação alguma por parte dele em realizar um esforço de ceticismo em relação à ideia de que existe uma técnica mágica capaz de suprir sua falta de educação política. A oferta dessa técnica equivaleria à oferta de sua salvação: a promessa de que todo o conhecimento necessário está em um manual, e que este pode ser aprendido de cor e aplicado de forma mecânica, seria de fato uma salvação, algo muito bom para acreditar. E, no entanto, foi exatamente isso, ou ao menos algo próximo o suficiente para ser confundido, que eles entenderam que Bacon e Descartes estavam lhes oferecendo. E, mesmo que nenhum dos dois autores tenha se arriscado a explicitar os detalhes do que seria a aplicação de seus métodos na política, a verdade é que a exaltação à política racionalista pode ser encontrada nos dois, sendo observadas apenas algumas ressalvas passíveis de serem facilmente ignoradas. E, a bem da verdade, eles nem precisaram esperar por alguma posição de Bacon e Descartes (mais precisamente falando, não foi necessário esperar por uma doutrina geral formulada de cunho racionalista); esses primeiros aventureiros famintos no campo da política foram aplacados pela obra que havia surgido mais de um século antes de autoria de Maquiavel.

Muito foi dito que o projeto de Maquiavel era expor uma ciência da política, contudo, a meu ver, essa teoria perde um pouco o foco principal. Uma ciência, como vimos, é conhecimento concreto e consequentemente nem suas conclusões nem os meios pelos quais elas foram alcançadas podem ser, como um todo, escritos em um livro. Nem uma arte nem uma ciência podem ser comunicadas dentro de um conjunto de orientações; adquirir maestria em ambas é adquirir a sabedoria do *connoisseur*, e é com a técnica da política que Maquiavel, como escritor, está preocupado. Ele reconhece que a técnica de governar uma república era de alguma forma distinta da apropriada para um principado, estudando ambas. Porém, no que se refere ao principado, sua obra se dirigia ao príncipe de sua época, havendo duas razões para tal, sendo uma de ordem relativa ao princípio e a outra relativa à pessoa do mandatário. O bem estabelecido governante hereditário, educado na tradição e herdeiro de uma experiência familiar, tinha tudo para se dar bem na posição a ser ocupada: esse fato poderia ser aperfeiçoado através de uma oportuna mescla com um curso técnico, mesmo que em geral ele soubesse como se comportar. Por outro lado, no que se refere ao novo mandatário, o qual por sua vez traz consigo unicamente a experiência que o capacitou a subir ao poder e que não aprendeu nada além dos vícios do ofício, os ditos *caprices de prince*, o caso era totalmente diverso. Por lhe faltar educação (excetuando o que tange aos hábitos relativos à ambição), e na urgência de algo que supra essa condição, um livro, ou um manual, se fazia fundamental. Mas era preciso um manual específico; ele precisava de um manual que versasse sobre a arte de ser uma farsa: sua falta de experiência o impedia de lidar com as questões de Estado nunca vistas. Bom, acontece que para que o manual em questão fosse redigido era preciso que seu autor dispusesse de um alto conhecimento literário, que ele prostituísse seu gênio (se é que realmente tinha algum) na função de tradutor e que se mostrasse sem condições de impedir que seu leitor cometesse erros. Portanto, o projeto de Maquiavel foi prover uma farsa para a política, um treinamento político para compensar a falta de educação na área, uma técnica para um governante que não tivesse tradição alguma. Ele saciou a demanda de sua época: e ele era pessoalmente interessado em supri-la, pois sentia «a fascinação pelo que é difícil». O novo mandatário o atraía mais, uma vez que ele era mais suscetível a criar situações complexas que exigissem os conselhos de um especialista. Entretanto, assim como os progenitores do racionalismo em geral (Bacon e Descartes), Maquiavel estava ciente das limitações do conhecimento técnico; e, diferente de seus eventuais seguidores, ele próprio não acreditava na soberania da técnica nem muito menos que o governo pudesse ser reduzido a mera «administração da coisa pública», e que, por conseguinte, poderia ser aprendida através de um manual. Então ao novo príncipe ele não ofereceu somente seu livro, mas também sua tutela pessoal, o que obviamente acabou constituindo uma inevitável deficiência de sua obra. O fato é que ele nunca perdera a noção do que era a política, a saber, o uso da diplomacia, não a aplicação de uma técnica. As novas e politicamente inexperientes classes sociais que durante os últimos quatro séculos chegaram ao poder foram providas da mesma maneira que Maquiavel proveu o novo príncipe do século XVI. Nenhuma dessas classes teve o tempo necessário para adquirir a educação política antes de se alçarem ao trono; cada uma precisou de um manual, de uma doutrina política, para fazer as vezes de um político de berço. Alguns desses escritos podem ser considerados genuínos trabalhos de vulgarização política: eles não chegam a descartar a importância da existência de uma política tradicional (eles afinal foram redigidos por homens que tiveram uma verdadeira educação política), mas são uma simplificação da tradição, racionalizações perpetradas no intuito de extrair a «verdade» de uma tradição e exibi-la dentro de um arranjo de princípios abstratos, dos quais, no entanto, é inevitável que seu significado mais amplo se esvaia por completo. Isso fica muito claro com a obra de Locke *Second Treatise of Civil Government*, tão popular e duradoura na manutenção dos engodos na política quanto a maior de todos os seus análogos religiosos, *Paley's Evidences of Christianity*. Na mesma linha há outros escritores, como Bentham e Godwin, que, ao se engajarem no projeto comum de prover um guia político para as sucessivas novas gerações de calouros políticos, cobrem todos os traços de um hábito e da tradição de suas sociedades tendo como norte uma ideia puramente especulativa: todas elas pertencem ao estrito senso do racionalismo. Contudo, pelo menos no que diz respeito à ideia de autoridade, nada nesse campo de estudo se compara ao trabalho de Marx e Engels. A política europeia sem esses autores ainda assim teria se coberto toda pela avalanche racionalista, mas sem dúvida nenhuma tais autores são os mais destacados artífices da política racionalista — e não é para menos, tendo em vista que suas obras atingiram uma classe que nunca imaginaram, nem em seus sonhos mais delirantes, poder se debruçar sobre o exercício de poder de fato. E é importante salientar que nenhum defeito foi encontrado na fabricação desses manuais para forjar farsas políticas por seus ávidos leitores, não sendo exagero, pois, afirmar que nenhuma técnica fora imposta com tanta certeza e intensidade sobre as atividades mundanas como se fosse conhecimento concreto de fato como no campo da política: nada gerou um proletariado intelectual tão vasto, gente sem nada a perder além de sua própria técnica.

A história antiga dos Estados Unidos é um capítulo simbólico na história do racionalismo. A situação de uma sociedade que depara sozinha repentinamente com o exercício do poder político é análoga à de um indivíduo ou classe social despreparada para a mesma atividade; no geral, suas necessidades são as mesmas. A semelhança é ainda maior quando a independência da sociedade em questão se origina sabidamente de uma ilegalidade, uma rejeição específica e expressa de uma tradição, a qual consequentemente só pode ser defendida apelando a algo que é por si só tido como independente dessa mesma tradição. Continuando no exemplo dos americanos, isso nem mesmo significou a pressão total que os forçou a lançar sua revolução nos padrões racionalistas. Os arquitetos da independência americana tinham uma tradição tanto do pensamento europeu quanto do hábito político e da experiência local para se espelharem. No entanto, o que ocorreu foi uma assimilação predominante dos novos costumes europeus racionalistas: e o hábito da política local, um produto do contexto da colonização, pode ser considerado uma espécie de racionalismo natural e pouco sofisticado. Um povo comum e sem grandes pretensões, que não dava muita importância à reflexão acerca dos hábitos de comportamento que havia herdado, que em comunidades fronteiriças havia se acostumado a erguer para si um arcabouço de leis e constrangimentos através de acordos mútuos, realmente não parecia disposto a pensar em seus arranjos como nada além do que frutos de suas próprias iniciativas; parecia que ele começara do zero e então só devia a ele mesmo tudo o que viera a possuir. Uma civilização de pioneiros é, quase inevitavelmente, uma civilização de convictos *self-made men*. Racionalistas por circunstância e não fruto de um processo reflexivo, eles não sentiam necessidade de serem persuadidos de que o conhecimento começa em uma *tabula rasa*. E mais, a mente livre para eles não era um processo de faxina geral como propunha Descartes, mas sim uma dádiva de Deus todo-poderoso, como disse certa feita Jefferson.

Muito antes da revolução, portanto, a disposição da mente do colono americano, seu caráter mais predominante e seus hábitos políticos mais arraigados eram de cunho racionalista. Esse fato se reflete inequivocamente nos documentos constitucionais e na história de cada colônia. E a partir do momento que essas colônias «romperam o laço que as conectava a uma outra nação» e declaram sua independência, a única inspiração de fora que esse hábito político recebeu foi o que confirmava seu caráter nativo em cada aspecto. Isso se deve ao fato de que Jefferson e os outros pais fundadores se inspiravam na ideologia que Locke havia destilado da tradição política inglesa. Eles estavam mais dispostos a comprar a ideia, e de fato a compraram de maneira mais aberta do que o velho mundo assim poderia ter feito, de que a adequada organização de uma sociedade, e a conduta de seus assuntos eram baseados em princípios abstratos, e não em uma tradição que, nas palavras de Hamilton, «tinha que ser revirada de uma montanha de velhos pergaminhos e documentos mofados». Tais princípios não eram produto da civilização; eram naturais, «escritos no volume total da natureza humana». Estavam aí para serem descobertos na natureza pela razão humana, através de uma técnica de investigação à disposição de todos de maneira igual e não era exigida nenhuma inteligência superior para de seu uso gozá-la. Além do mais, suas gerações se encontravam em vantagem em relação às de épocas anteriores, já que os princípios abstratos haviam sido, na maioria, descobertos e registrados recentemente. E, ao fazer uso desses manuais, essa nova sociedade política que emergia não se encontrava em defasagem devido à falta de tradição, muito pelo contrário; ela possuía uma superioridade em relação às sociedades de antanho, uma vez que havia se desgarrado das amarras da tradição. O que Descartes havia previsto, «*que souvent il n'y a pas tant de perfection dans les ouvrages composés de plusieurs pièces et faits de la main de divers maîtres qu'en ceux auquels un seul a travaillé*», foi examinado em 1777 por John Jay — «o povo americano é o primeiro que os Céus favoreceram permitir a escolha e deliberação da forma de governo sob a qual gostaria de ser regido e sob quais regras adotariam para viver. Todas as outras constituições extraíram sua existência da violência ou de circunstâncias ao acaso, e, portanto, se encontraram bem mais distantes da perfeição...». A declaração de independência é um produto peculiar ao *saeculum rationalisticum*. Ela representa a política da necessidade percebida com a ajuda de uma ideologia. Por isso não me espanta que veio a constituir, junto com os documentos oficiais da Revolução Francesa, uma das mais sagradas manifestações da política do racionalismo, servindo de modelo-padrão para tantas outras aventuras racionalistas de reconstrução de sociedade.

O ponto de vista que venho sustentando é que a prática comum de política das nações europeias se fixou em um vício racionalista, e que muitas de suas falhas (as quais são atribuídas a outras causas mais imediatas) advêm na verdade dos defeitos do personagem racionalista quando no controle da coisa pública. Dito isso, não podemos esperar (haja vista que a disposição racionalista não é uma moda que surgiu ontem) uma rápida saída da condição em que nos vemos envoltos. É sempre triste para um paciente ter que ouvir que sua doença é tão velha quanto ele próprio e que, logo, não há cura ao alcance. Entretanto, com a exceção de infecções que afligem as crianças, assim o é na maioria dos casos, e no nosso específico, enquanto persistirem as variáveis que possibilitaram a emergência da política racionalista, não há outra coisa que esperar além de mais do mesmo.

Não acredito que nenhum dos autores que mencionei é responsável pela condição atual da política. Eles são servos das circunstâncias as quais ajudaram a perpetuar (uma vez ou outra é verdade que eles podem ser vistos jogando mais lenha na fogueira), mas que eles próprios não criaram. E não é justo supor que teriam aprovado o uso que veio a ser feito de suas obras. Nem estou, repito, preocupado com os escritos genuinamente filosóficos que tratam de política; se eles favoreceram ou retardaram a tendência racionalista na atividade política, a verdade é que o efeito se originou de um entendimento distorcido de sua intenção inicial, a qual não era recomendar uma conduta, mas explicá-la. Para um político de fato, explorar as relações entre política e eternidade é uma coisa; outra bem diferente, e por certo menos louvável, é descobrir que as complexidades que permeiam o tempo e a contingência mundana são impossíveis de ser controladas. Tanto é que ele acaba por ser enfeitiçado pela promessa de uma solução rápida que vem na forma de uma quimérica eternidade de uma ideologia. Por último, friso que tampouco é de meu interesse apontar que a causa de nossa condição atual se deva à proeminência que atingiu em nossas sociedades as ciências naturais e seu *modus operandi*. Esse diagnóstico simplório da situação vem sendo constantemente levantado, porém creio que seja equivocado. O fato de o modo de investigação utilizado pelo genuíno cientista natural não compactuar com a onda racionalista foi demonstrado quando expus a característica de todo o tipo de conhecimento concreto. Não há dúvida de que existam cientistas muito envolvidos com o furor racionalista, contudo, estão enganados se pensam que os pontos de vista racionalistas e científicos coincidem. O problema é que, quando o cientista se aventura para fora de seu campo de atuação, ele normalmente carrega consigo apenas sua técnica, e isso logo o leva a juntar forças com o racionalismo. Em suma, acredito que, na verdade, o grande prestígio das ciências naturais tem sido usado para acelerar a disposição mental racionalista entre nós, no entanto esse trabalho é levado a cabo não por um cientista de verdade, mas sim por um cientista que é um racionalista, apesar de sua ciência.

v

A esse breve esboço do personagem, assim como aos contextos sociais e intelectuais da emergência do racionalismo na política, podem ser adicionadas algumas reflexões. A geração da política racionalista é uma conjunção entre a inexperiência e o oportunismo político. Essas condições sempre coexistiram nas sociedades europeias; o mesmo pode ser dito do mundo antigo, período que também sofreu com tal união. Porém, o traço particular do racionalismo na política moderna deriva do sucesso da invenção de um método eficaz para compensar a falta de educação política, levando até mesmo aqueles que realmente não a possuíam a acreditar não lhes faltar nada. Logicamente essa inexperiência nunca foi, em nenhuma sociedade, universal; além de também nunca ter sido absoluta. Sempre houve homens que possuíssem genuína educação política, imunes ao vírus do racionalismo (isso vale em especial para a Inglaterra, país onde certa educação política sempre foi mais difundida do que em outras sociedades); e algumas vezes um leve despertar para as limitações de sua técnica chegou mesmo a acordar o racionalista. A verdade é que chega a ser tão impraticável uma política racionalista pura que um novo homem, ao chegar ao poder, vai invariavelmente abrir mão de seu manual e se apoiar em sua experiência geral de vida, assim como faria um comerciante ou um funcionário público. Por mais que essa experiência seja seguramente mais confiável do que seu manual — ao menos é conhecimento real, não uma sombra —, ela ainda não é um conhecimento da política tradicional da sociedade, o qual leva, no mínimo, três ou quatro gerações para atingir.

Todavia, quando não é arrogante ou hipócrita, o racionalista pode passar a impressão de não ser um personagem antipático. Ele almeja deveras chegar à verdade, embora infelizmente nunca conseguirá. Atrasou na largada e ainda começou com o pé esquerdo. Seu conhecimento nunca passará de meio conhecimento, por conseguinte nunca passará de estar meio certo. Nos mesmos moldes que um estrangeiro ou alguém fora de sua classe social, ele fica atarantado pela tradição e por um hábito de comportamento que conhece apenas a fachada; um mordomo ou uma empregada doméstica observadora se daria melhor do que ele. E assim ele concede um desdém ao que não compreende: hábito e costume parecem ser maus por si sós, algo como uma postura esotérica. E por um estranho autoengano, ele atribuiu à tradição (a qual, obviamente, é eminentemente fluida) a rigidez e a dureza de caráter que pertencem na verdade à ideologia política. Isso faz, consequentemente, do racionalista um personagem perigoso e dispendioso quando no controle da coisa pública, sendo ele inclusive mais devastador não quando perde o domínio em dada situação (sua política, claro, sempre é orientada para dominar uma situação e superar crises), mas sim quando ele aparentemente obtém sucesso, uma vez que o preço que pagamos por seus logros é uma tirania cada vez mais completa dessa moda intelectual racionalista sobre o todo da vida em sociedade.

Sem pretender alarmarmos com males imaginários, penso que podem ser elencadas duas características em particular do racionalismo político que o deixam excepcionalmente perigoso para a comunidade. Nenhum homem sensível vai se preocupar enormemente caso não consiga encontrar rapidamente a cura para o que acredita ser um grave problema; porém, se ele analisá-lo através de uma lente que o leve a enxergar que, com o passar do tempo, tal adversidade se fará maior em vez de menor, ele terá mais motivos para preocupação. E isso é exatamente o que acontece com a doença do racionalismo.

Primeiro, como eu havia interpretado, o racionalismo na política sofre de um erro claramente identificável, qual seja, o entendimento incorreto em relação à natureza do conhecimento humano, descambando para uma corrupção total da mente. Dessa forma, ele se apresenta sem poder algum para corrigir seus fracassos; não dispõe de qualidade homeopática; é impossível escapar a seus erros sendo mais sincero ou mais racionalista. Vale a pena ressaltar que isso é um dos revezes de viver ao pé da letra: você é levado a cometer não somente erros específicos, também exaure a mente como um todo, pois viver de preceitos no fim deságua em desonestidade intelectual. Seguindo adiante no argumento, o racionalista rejeita logo de cara o único alento externo capaz de corrigir seu erro, em outras palavras, ele não só negligencia o tipo de raciocínio que teria condições de salvá-lo, ele faz questão de destruí-lo. Desliga-se a luz e depois reclama que não é possível enxergar nada, alegando que se é «*comme un homme qui marche seul et dans les ténèbres*». Resumindo, em essência é impossível educar um racionalista, pois o único instrumento que poderia em tese educá-lo fora do racionalismo ele o desmerece como inimigo da humanidade. Tudo que um racionalista consegue fazer quando abandonado com si mesmo é substituir um projeto racionalista fracassado por um que ele espera poder concluir. A bem da verdade, é nisso que a política atual está se degenerando: o hábito político e a tradição, os quais há pouco tempo eram de posse comum entre até os mais ferozes oponentes dentro da política inglesa, foram suplantados por uma mera disposição mental racionalista.

Entretanto, em segundo lugar, uma sociedade que abraçou a causa racionalista na política logo se verá sendo conduzida e rumando em direção a uma educação em geral exclusivamente racionalista. Aqui não me refiro ao rudimentar objetivo do nacional-socialismo ou do comunismo em não permitir nenhuma educação que não seja um treinamento voltado para a doutrina dominante do racionalismo. Aludo aqui a um projeto mais plausível que consiste em simplesmente não oferecer nenhuma forma de educação que não tenha, em essência, o caráter racionalista. E, quando uma forma exclusiva de educação racionalista é implantada, a única esperança de libertação reside na descoberta feita por algum pedante qualquer, «retirando de uma montanha de velhos pergaminhos e documentos mofados», indícios do que o mundo era antes de o milênio o tragar.

Desde os primeiros dias de sua emergência, o racionalista se interessou, um tanto macabramente, pela educação. Ele tem um respeito por «cérebros», uma crença inabalável em treiná-los, a determinação em encorajar a inteligência e de que no fim ela será compensada com o poder. Mas qual seria essa educação em que o racionalista acredita? Certamente não seria uma iniciação em hábitos morais e intelectuais, nem muito menos nos êxitos de sua sociedade, ou um mergulho na parceria entre presente e passado, um compartilhamento de conhecimento concreto; para o racionalista tudo isso não passa de esoterismo, portanto sem valor e, ainda por cima, potencialmente danoso. Essa educação seria no sentido de treinar uma técnica, ou seja, a metade do conhecimento que pode ser aprendida através de livros (os manuais de forjar farsantes). E o interesse afetado do racionalista na educação escapa à suspeita de que seja um simples subterfúgio para melhor se inserir na sociedade, unicamente por ele ser, de maneira quase palpável, tão iludido quanto seus pupilos. Ele acredita sinceramente que um treinamento em conhecimento técnico seja a única forma de educação que valha a pena, crendo que um treino em «administração pública» é a defesa mais segura contra as bajulações do demagogo e as mentiras do ditador.

É bem verdade que, em uma sociedade com disposição amplamente racionalista, haverá uma demanda positiva para um treinamento desse tipo. O meio conhecimento (desde que haja a metade técnica) terá um valor econômico: haverá um mercado para a mente «treinada», que por sua vez terá à disposição os mais avançados aparelhos. É mesmo de esperar que essa demanda seja saciada; livros dos mais variados gêneros serão escritos e vendidos em grandes quantidades e instituições oferecendo inúmeros treinamentos (tanto os mais generalistas quanto os focados em uma atividade particular) brotarão por toda parte. E até onde sabemos, já não é de hoje que a exploração dessa demanda começou para valer: já era possível ser observada no século XIX. Não faz muita diferença que se aprenda a tocar piano ou gerir uma fazenda através de um curso por correspondência; de qualquer forma isso é inevitável, dadas as circunstâncias. O que é importante, contudo, é que a inspiração racionalista agora invadiu e já começou a corromper as provisões educacionais genuínas e as instituições de nossa sociedade; alguns dos meios pelos quais até há pouco tempo o conhecimento genuíno (em oposição ao meramente técnico) vinha sendo passado já desapareceram, outros são considerados obsoletos, enquanto alguns estão em processo de ser corrompidos de dentro. Toda a pressão do contexto atual aponta para essa direção. Pegue o exemplo do aprendiz, do pupilo que trabalha junto a seu mestre aprendendo tanto a técnica quanto o conhecimento que não é possível ser ensinado. Isso pode ainda não ter sido extinto, mas é considerado ultrapassado, sendo portanto paulatinamente substituído por cursos técnicos cujos treinamentos (porque só pode ser um treino em técnica) são mantidos em quarentena até que um belo dia se insere o «*trainee*» na solução ácida da prática cotidiana. Repito, a educação profissional está sendo cada vez mais vista como uma aquisição de técnica, algo que pode ser feito através dos correios, sendo possível enxergar um futuro em que as profissões serão repletas de homens espertos, cujas habilidades, porém, serão limitadas, uma vez que nunca tiveram a chance de aprender as nuances que compõem a tradição e o padrão de comportamento inerentes a todas as grandes profissões. Uma das maneiras pelas quais esse tipo de conhecimento (mestre e pupilo) vem sendo preservado e transmitido até os dias de hoje (tendo em vista ser com efeito um grande êxito humano, e que se não for seriamente preservado será perdido) é com a tradição familiar. Mas o racionalista não entende que demora cerca de duas gerações de prática para aprender uma profissão; sim, ele faz tudo o que pode para destruir a possibilidade de uma educação nesses moldes, pois acredita que isso seja pernicioso. Como um homem que só soubesse falar esperanto, ele não tem como saber que o mundo não teve início no século xx. E com isso, não por negligência, mas de forma deliberada, o inestimável tesouro deixado pelas tradições das grandes profissões é desmantelado em prol dos chamados interesses garantidos pelo Estado. No entanto, talvez o ataque mais sério do racionalismo sobre a educação tenha se concentrado mormente nas universidades. A demanda por técnicos hoje em dia é tão grande que as instituições que provêm o treinamento se escassearam sobremaneira, fazendo, pois, com que as universidades entrassem nesse processo de suprimento. Aquela frase horripilante, «a universidade treina homens e mulheres», está se cristalizando, deixando de fazer parte apenas do vocabulário do Ministério da Educação.

Para um adversário do racionalismo, elas podem ser tomadas por derrotas locais. Ainda que não sejam passíveis de negligência, a verdade é que elas, tomadas em separado, tiveram perdas que não produziram danos irreversíveis. Ao menos uma instituição como a universidade tem o poder de se defender, caso o queira. Mesmo assim, há uma vitória já ganha pelos racionalistas em outra frente que talvez a recuperação se mostre bem mais complicada.

Tal pessimismo se deve ao fato de que, nessa frente, apesar de os racionalistas estarem cientes de seu triunfo, seus adversários ainda não se atentaram para seu revés. Refiro-me a nada mais nada menos que o campo da moralidade e da educação moral. A moralidade do racionalista é a da busca pela autoconsciência acerca dos ideais morais, sendo a forma apropriada de educação moral a que advém dos preceitos, ou seja, da apresentação e da explicação dos princípios morais. Ela é apresentada como sendo de uma moralidade mais elevada (a moralidade do homem livre: seguem-se aplausos intermináveis...) do que a extraída do hábito, essa crença cega na tradição que dita caprichosamente o comportamento moral. Sem embargo, na prática, tal moralidade do homem livre não passa de mera moral reduzida à técnica, adquirida através de treinamento dentro dos marcos de uma ideologia em oposição a uma educação no ato em si de se comportar. Na moralidade, como em tudo o mais, o racionalista inicia por descartar toda a ignorância herdada das tradições, em seguida preenche o vazio da mente esvaziada com os itens de algum conhecimento que ele abstraiu de sua experiência pessoal de vida e que tem certeza que é aprovado pela «razão» comum da humanidade. Ele defenderá esses princípios por intermédio de argumentos, os quais comporão uma doutrina coerente (ainda que moralmente parcimoniosa). Entretanto, e de forma impreterível, para ele a conduta de vida é um amálgama de espasmos, um conjunto de atos descontínuos, uma solução de problemas em série, um campeonato de crises sucessivas. Da mesma maneira que a política do racionalista (da qual ela é, logicamente, inseparável), a moralidade do racionalista é a do *self-made man* e da *self-made society*: ela se enquadra no que alguns chamam de idolatria. Não importa que a ideologia moral que o inspire atualmente (a qual, caso seja um político, ele prega) seja, em verdade, a relíquia desenterrada do que um dia foi uma tradição moral inconsciente de uma aristocracia que, à revelia de qualquer ideal, adquirira um hábito de comportamento em relação ao outro e o transformara numa verdadeira educação moral. Para o racionalista, tudo o que interessa é que ele tenha finalmente separado o joio do ideal do trigo do hábito de comportamento; para nós, por outro lado, restou a consequência deplorável de seu sucesso. As ideias morais são o sedimento; elas possuem significância enquanto estão suspensas em uma tradição religiosa ou social, enquanto pertencem a uma vida social ou religiosa. O que acontece hoje é que os racionalista vêm trabalhando tão arduamente em seu projeto de drenar o líquido no qual nossos ideias morais estavam suspensos (e o derramando como se fosse inútil) que fomos deixados somente com os resíduos e os restos que nos sufocam quando tentamos mergulhar. Primeiro fazemos de tudo para solapar a autoridade dos pais (por causa de seu suposto abuso), depois vituperamos contra a escassez de «boas moradias», no fim criamos substitutos que completem o trabalho de aniquilamento. É por essa razão que, dentre outras coisas que também sofrem de corrupção pela insanidade, deparamos com um espetáculo de um bando de hipócritas, no caso racionalistas políticos, que pregam uma ideologia de altruísmo e serviço social a uma população da qual eles e seus antecessores fizeram de tudo para privar da única raiz viva de comportamento moral; sua oposição consiste (pasmem!) de outro grupo que quebra a cabeça com o projeto de nos livrar do racionalismo sob a inspiração de começar do zero com uma nova e fresca racionalização de nossa tradição política.

As massas em uma democracia representativa

I

O decorrer da história moderna europeia revelou um personagem que nos acostumamos a chamar de «homem massa». Seu surgimento é muitas vezes tido como o mais significativo e abrangente dentre as revoluções da era moderna. Ele é famoso por ter transformado a maneira como vivemos, nossos padrões de conduta e a forma como fazemos política. Também é reconhecido, lamentavelmente, por ter se tornado o árbitro do gosto, o ditador da política, o rei não coroado da modernidade. Desperta medo em alguns, admiração em outros, fascinação em todos. Seus números o fizeram um gigante; prolifera-se por toda parte; é tido tanto como um gafanhoto que está transformando um jardim fértil em deserto quanto o agente que carrega a esperança de uma nova e mais gloriosa civilização.

Enxergo tudo isso como um exagero grotesco. E acho que vamos visualizar nossa situação real, ou seja, o que exatamente devemos a esse personagem e a extensão precisa de seu impacto sobre nós, quando entendermos mais claramente quem esse «homem de massa» é e de onde ele veio. E, no intuito de responder a essas perguntas, proponho que nos engajemos em uma empreitada de descrição histórica.

É uma longa história que muitas vezes parecia ininteligível graças a inúmeras tentativas de reducionismos. Ela não começa (como querem alguns) com a Revolução Francesa ou com as mudanças industriais do fim do século XVIII: começa nos séculos estarrecedores que, por causa de sua ilegibilidade, nenhum historiador consegue decidir se podem ser considerados prefácios ou conclusões da história em questão. E ela começa não com o surgimento do «homem de massa», mas com a emergência de outro tipo, qual seja, o do indivíduo em sua expressão moderna do termo. Por favor, me acompanhe enquanto monto o cenário para a apresentação de nosso personagem, pois só o perderemos de vista caso não estejamos preparados e atentos para sua ascensão.

II

Houve ocasiões, algumas delas em um passado remoto, em que, normalmente devido ao colapso de uma integração na maneira de viver, a individualidade humana veio à tona e foi desfrutada por certo período. Uma aparição dessas é sempre extremamente importante; ela é a modificação não somente da forma de levar a cabo as atividades econômicas da época, mas também de todas as relações humanas, desde as de marido, mulher e filhos até as dos governantes e súditos. Os séculos XIV e XV na Europa se encaixam nessa descrição. O que começou a emergir foram condições intimamente relacionadas com um alto grau de individualidade humana, ou seja, seres humanos desfrutando (com grande intensidade e abrangência) de significativa experiência de autodeterminação em conduta e pensamento, fazendo com que todas as ocorrências até então fossem eclipsadas. Nunca antes na história a emergência de indivíduos (ou seja, pessoas acostumadas a fazerem escolhas próprias) modificara as relações humanas tão profundamente, persistira de forma tão duradoura, provocara reações tão contrárias e conseguira ser explicada tão claramente em termos de teoria filosófica.

Como tudo na Europa moderna, o êxito no que diz respeito à individualidade humana foi uma modificação das condições medievais de vida e de pensamento. Ele não foi expresso em termos de alegações e assertivas em nome da individualidade, mas em divergências esporádicas de uma circunstância humana em que a oportunidade para a escolha era estreitamente delineada. Chamar-se de membro de uma família, de um grupo, de uma corporação, de uma igreja, de uma comunidade, de um vilarejo, de promotor de uma comarca ou de ocupante de um posto alfandegário, era até então, para uma grande maioria, a soma circunstancialmente possível de autoconhecimento. E isso não se restringia ao «ganha pão», também englobava decisões, direitos e responsabilidades gerais. Relacionamentos e alinhamentos normalmente se originavam do *status* e coincidiam em seu caráter com as relações de parentesco. A maior parte das pessoas era anônima, ninguém se importava com o caráter individual. O que diferenciava um homem de outro era insignificante quando se comparava aos privilégios de fazer parte de um clube de qualquer espécie.

A situação atingiu seu ápice no século XII. Ela foi modificada lenta, esporádica e intermitentemente durante um período de cerca de sete séculos, do XIII ao XX. A mudança começou mais cedo e foi mais rápida em algumas partes da Europa do que em outras; ela penetrou em algumas atividades mais prontamente e de maneira mais profunda do que em outras; afetou o homem antes de afetar a mulher; e durante esses sete séculos houve diversos ápices e recessões no processo. Entretanto, as chances de aproveitar as oportunidades de escapar dos laços comunais gradualmente geraram uma nova linguagem para falar acerca do homem como personagem histórico.

Primeiro surgiu na Itália: a Itália fora a casa do indivíduo moderno que saíra da cisão com a era medieval. «No crepúsculo do século XIII», escreve Burckhardt, «a Itália começa a ser invadida por uma onda de individualidade; o cerco que caíra sobre a personalidade humana se dissolvia; mil figuras nos foram apresentadas, cada uma com forma e roupagem específica.» O *uomo singolare*, cuja conduta era marcada por um alto teor de autodeterminação e cujas atividades expressavam preferências pessoais de comportamento, gradualmente ia se desgarrando de seus companheiros. E junto com ele aparecia, não somente o *libertine* e o *dilettante*, como também o *uomo unico*, o homem que, ao dominar seu destino, ficara sozinho e se tornara uma lei para ele mesmo. Homens examinavam suas condições e não se chocavam por suas necessidades de perfeição. Esse fora o personagem que Petrarca dramatizara para sua geração com talento sem paralelo e vivacidade imbatível. Uma nova imagem humana aparecera — não a de Adão ou a de Prometeu, mas a de Proteu — um personagem distinto de todos os outros devido a sua multiplicidade e infinita capacidade de transformação.

Ao norte dos alpes os eventos tomaram semelhante forma, mesmo que tenham sido mais lentos e que tivessem de se contentar com um obstáculo maior no caminho. Na Inglaterra, na França, nos Países Baixos, na Espanha, na Suíça, na Polônia, na Hungria, na Bohêmia e particularmente em todo o centro em volta de um município, as condições propícias ao desenvolvimento de uma individualidade iam tomando corpo, e com elas os «indivíduos em potencial» que dela usufruíam. Sobraram poucos campos de atuação que não foram tocados. Até meados do século XVI o movimento já tinha fincado os pés com tamanha firmeza que já não era viável falar em supressão: nem mesmo todo o ardor do calvinismo de Genebra bastava para impedir que os indivíduos expressassem seus livres pensamentos. A disposição de que encarar a vida com um alto grau de individualidade na conduta e no pensamento era um atributo próprio da humanidade e o ingrediente mais importante para a felicidade humana se tornara um dos aspectos mais importantes da condição humana na Europa moderna. O que Petrarca fizera para um século, Montaigne fez para outro.

A história das vicissitudes dessa disposição durante os quatro séculos é extremamente complexa. Não é uma história de crescimento constante, mas repleta de clímax e anticlímax, de difusão para cantos da Europa de início totalmente ignorantes a ela, de extensão para atividades que antes a deploravam, de ataque e defesa, de confiança e apreensão. No entanto, se não podemos traçá-la em todos os seus detalhes, podemos ao menos reparar como tal tendência se impôs tão profundamente sobre as crenças e a conduta da Europa. No decorrer de cem anos, ela fora magnificada em uma teoria ética, e mesmo metafísica, reunindo em torno de si um conveniente conhecimento sobre o ofício de governo, modificando formalidades políticas e instituições. Ela se instalou nas artes, na religião, na indústria, no comércio e em todo tipo de relacionamento humano. No campo da especulação intelectual o reflexo mais claro dessa intensa experiência de individualidade pode ser encontrado na teoria ética. Quase todos os escritos acerca de conduta moral começam com a hipótese de um indivíduo escolhendo e seguindo adiante na profissão que almeja. O que parece necessitar de explicação não é a existência de tais indivíduos, mas como eles chegaram a possuir obrigações para com seus semelhantes e qual seria, pois, a natureza delas; assim como a existência de outras mentes acabou se tornando um problema para aqueles que viam no conhecimento um resíduo do sentido de experiência. É possível perceber isso de maneira inequívoca em Hobbes, o primeiro moralista do mundo moderno a exercer candidamente a então experiência de individualidade. Ele enxergava o homem como um organismo governado por um impulso de evitar a destruição, mantendo a qualquer custo suas características e objetivos. Cada indivíduo tem o direito a uma existência independente: o único problema é como ele vai buscar atingi-la em sua plenitude, tendo em vista a fatalidade de um inescapável óbice, qual seja, seus semelhantes ao longo do caminho. Um ponto de vista parecido pode ser encontrado em Espinoza. Porém, mesmo quando uma conclusão individualista é rejeitada, esse indivíduo autônomo se mantém como o ponto de partida da reflexão ética. Todo moralista dos séculos XVII e XVIII se preocupa com a estrutura psicológica do suposto «indivíduo»: a relação do «eu» com os «outros» é a forma comum a toda teoria moral da época. E em nenhum lugar isso fica mais evidente do que no pensamento de Kant. Todo ser humano, uma vez que não seja compelido por necessidades naturais, é tido por Kant como uma pessoa, um fim em si mesmo, absoluto e autônomo. Buscar sua felicidade é sua empreitada natural; o amor próprio é a causa das escolhas que compõe sua conduta. Mas por nascer um ser humano racional ele reconhecerá em sua conduta a condição universal da personalidade autônoma; e a escolha mais importante é a de usar a humanidade, tanto em si quanto nos outros, como um fim e nunca como um meio. A moralidade consiste no reconhecimento da personalidade individual onde quer que apareça. Além do mais, a personalidade é tão sagrada que nenhum homem possui nem o direito nem o dever de promover a perfeição moral de outro: podemos promover a «felicidade» dos outros, mas não podemos promover seu «bem» sem destruir sua liberdade, esta sendo a condição do bem moral.

Em suma, não importa o que pensemos sobre as teorias morais da Europa moderna, o fato é que elas mostram claras evidências do esmagador impacto dessa experiência da individualidade.

Mas essa busca pela individualidade, e pelas condições para que ela seja vivida da melhor maneira, também fora refletida na compreensão do ofício de governo e nas formas mais convenientes para governar e ser governado, ambas modificações de uma herança da Idade Média. Temos tempo para percebê--las somente em sua aparência mais desqualificada, ou melhor, no que convencionamos chamar «democracia representativa moderna». Essa forma de governar e ser governado surgiu primeiro na Inglaterra, nos Países Baixos e na Suíça, e posteriormente fora levada (sob diferentes nomenclaturas) a outras partes da Europa ocidental e aos Estados Unidos. Não é que ela seja uma aproximação de uma forma ideal de governo, ou uma mutação de algo (com o qual não tem conexão alguma) que prevaleceu na história antiga. É simplesmente o que emergiu na Europa ocidental, onde o impacto das aspirações da individualidade sobre as instituições medievais de governo se dera de forma mais intensa.

A primeira exigência dessas intenções de explorar as intimações de individualidade foi construir um instrumento de governo capaz de transformar interesses individuais em direitos e deveres. Para levar a cabo essa tarefa eram requeridas do governo três coisas. Primeiro, ele deveria ser único e supremo; somente pela concentração de toda a autoridade em um centro único o indivíduo emergente poderia escapar das pressões comunais da família e das guildas, das igrejas e da comunidade local; tudo o que o impedia de desfrutar plenamente de seu caráter. Segundo, ele deveria ser um instrumento de governo desvinculado de prescrições e consequentemente com autoridade para abolir velhas leis e criar novas: deve ser um governo «soberano». E isso, de acordo com ideias de então, significava um governo em que todos que gozavam de direitos eram parceiros, um governo em que as «peças» do tabuleiro eram participantes diretos ou indiretos. Terceiro, deveria ser poderoso — capaz de preservar a ordem sem a qual a aspiração da individualidade não seria possível; porém nem tão forte assim que constituísse um perigo para a própria individualidade. Em tempos mais remotos, o reconhecido método de transformar interesses em direitos havia sido judicial; os «parlamentos» e «conselhos» da Idade Média haviam sido eminentemente corpos jurídicos. Mas dessas «cortes de justiça» surgiu um instrumento com autoridade mais enfática para reconhecer novos interesses, que consistia em convertê-los em novos direitos e obrigações; surgiram os corpos legislativos. Portanto, um governante e um representante parlamentar de alguns interesses se uniam no negócio de «fabricar» a lei. E a lei que eles fabricavam era favorável à individualidade: ela provia o detalhe do que se tornaria uma bem conhecida condição de circunstância humana, a liberdade. Sob essa condição, todo o indivíduo tinha asseguradas suas escolhas de vida com o menor dos constrangimentos comunais possíveis. Liberdade de movimento, de iniciativa, de discurso, de crença e de observância religiosa, de associação e de ruptura, de legar e de herdar; segurança da pessoa e da propriedade; o direito de escolher sua própria profissão e fazer uso de seus bens e rendimentos; e sobretudo da «força da lei»: o direito de ser governado por leis conhecidas, aplicáveis a todos igualmente. E esses direitos, apropriados à individualidade, não pertenciam apenas a uma classe; eles valiam para todos de forma equânime. Cada um deles significara uma ab-rogação de algum privilégio feudal.

Essa forma de governar, que atingiu o ápice no governo parlamentarista surgido na Inglaterra e em outras nações no século XVIII e início do XIX, fora teorizada de acordo com dada compreensão do ofício de governo mais apropriado. O que antes era tido como comunidade passou a ser uma associação de indivíduos: essa era a contraparte do individualismo na filosofia política que se estabelecera na teoria ética. E o ofício de governo fora entendido como a manutenção dos arranjos favoráveis aos interesses da individualidade, arranjos estes que emanciparam o sujeito das amarras (como quis Rousseau) das lealdades comunais, e se constituíram em condições de circunstâncias humanas nas quais as latências da individualidade podem ser exploradas e suas experiências desfrutadas.

Sendo bem breve, meu cenário é o seguinte. A individualidade humana é uma emergência histórica, tão artificial e ao mesmo tempo tão natural como uma paisagem. Na Europa moderna ela foi gradual, e o caráter específico do indivíduo que surgiu era determinado pelas maneiras de sua geração. Esse personagem histórico se mostrou inconfundível quando cristalizado seu hábito de se engajar em atividades identificadas com o adjetivo «particular»;

é certo que a aparição do termo «particular» na conduta humana é o inverso da dessuetude dos arranjos comunais de onde a moderna individualidade despontou. Essa experiência de individualidade provocou uma disposição a explorar seus próprios limites, atribuindo-lhes os mais altos valores, e à procura de segurança em seu regozijo. Gozá-la acabou vindo a ser considerado o mais importante ingrediente para a «felicidade». A experiência fora magnificada em uma teoria ética; fora refletida em formas de governar e ser governado, em novos direitos adquiridos e em deveres e um padrão todo novo de vida. A emergência dessa disposição em ser um indivíduo é o evento mais destacável da história da Europa moderna.

III

Havia muitas formas modestas com que essa predisposição em ser um indivíduo pudesse se manifestar. Toda empreitada prática e toda busca intelectual se revelaram uma montagem composta de oportunidades para fazer escolhas: arte, literatura, filosofia, indústria-comércio e política; cada uma chegou a compartilhar esse caráter. No entanto, em um mundo que estava sendo transformado pelas aspirações e atividades daqueles que se mostravam empolgados por tais oportunidades, havia algumas pessoas que, seja por circunstância ou temperamento, estavam menos dispostas a entrar na onda; e para muitos o chamado para fazer escolhas viera antes de possuir a habilidade para fazê-las de fato, sendo portanto tidas como um fardo. As velhas certezas em relação às crenças, às profissões e ao *status* estavam sendo dissolvidas, não somente para aqueles que estavam confiantes de seu próprio poder de erigir um novo lugar para si em uma associação de indivíduos, mas também para aqueles de temperamento mais pessimista. A contrapartida para o empreendedor, seja da cidade ou do campo, do século XVI eram os trabalhadores desalojados; a contrapartida do *libertine* era o crente desiludido. As familiares pressões comunais eivadas de carinho foram dissolvidas em um mar de outras tensões — a emancipação que excitava alguns, deprimia outros. O anonimato familiar da vida comunal fora substituído pela identidade pessoal, a qual para alguns se tornara um fardo, uma vez que não logravam transformá-la em individualidade. O que uns viam como felicidade parecia a outros mais um desconforto. As mesmas condições de circunstância humana eram identificadas como progresso e como decadência. Em poucas palavras, a condição da Europa moderna, mesmo antes no século XVI, dera origem não somente a um personagem, mas a duas figuras antagônicas: além do indivíduo, agora temos também o «indivíduo *manqué*». E esse «indivíduo *manqué*» não era uma relíquia das eras antigas, e sim um produto da modernidade, o resíduo da mesma dissolução dos laços comunais que haviam dado à luz o indivíduo europeu moderno.

Não se faz necessário especular acerca da combinação de debilidade, ignorância, timidez, pobreza ou azar que operaram para fabricar esse personagem; basta observar sua aparição e seus esforços para se acomodar naquele ambiente tão hostil. Ele procurava um protetor que entendesse sua situação, e ele o encontrara, por assim dizer, no Estado. Já a partir do século XVI, os governos da Europa estavam sofrendo alterações, não somente em resposta às demandas da individualidade, mas também reagindo às necessidades do «indivíduo *manqué*». O «rei todo-poderoso» da Reforma e seu descendente direto, o déspota esclarecido do século XVIII, foram invenções que estavam a serviço de fazer escolhas por aqueles que não as queriam fazer por conta própria; a *elizabethan statute of labourers* foi elaborada para tomar conta daqueles que foram deixados para trás na corrida pela propensão a fazer escolha.

As aspirações da individualidade se impuseram sobre a crença e a conduta, bem como sobre a constituição e as atividades dos governos. Isso se dera, em primeiro lugar, na forma de demandas que emanavam de um arranjo poderoso e confiante. Havia pouca tentativa de moralizar tais demandas, as quais no século XVI estavam em claro conflito com os sentimentos morais, ainda agarrados ao sistema de laços comunais. No entanto, da experiência da individualidade ao longo do tempo saiu uma moralidade que se adequava à nova configuração — uma disposição não somente de explorar a individualidade, mas também aprovar sua busca. Tal fato constituiu-se em uma tremenda revolução moral; mas tamanhos foram sua força e seu vigor que não apenas varreram as relíquias morais do falecido sistema comunal, como deixaram pouco espaço para qualquer alternativa a elas. E o peso dessa vitória moral despencou na cabeça do «indivíduo *manqué*». Já combalido no campo de batalha (na conduta), agora ele também se via derrotado em casa, em seu próprio caráter. O que não passava de uma dúvida sobre suas habilidades de aguentar a pressão na luta pela sobrevivência se descambara em uma radical falta de confiança em si mesmo: o que não passava de mero prospecto ruim, se apresentara enfim como abismo; o que era o desconforto de um fracasso se transformara na miséria da culpa.

Em alguns, sem dúvida, essa situação levou à resignação; mas em outros geraram-se inveja e ressentimento. E com essas emoções uma nova disposição surgiu: o impulso de fugir à situação impondo-a ao resto da humanidade. Do frustrado «indivíduo *manqué*» saiu o militante «anti-indivíduo», disposto a assimilar tal palavra a seu próprio caráter destronando o indivíduo e eliminando seu prestígio moral. Nenhuma promessa, ou mesmo qualquer oferta, de melhoramento pessoal poderia frear esse «anti-indivíduo»; ele sabia que sua individualidade era tão pobre que nada seria o bastante para salvá-la. O que o movia era unicamente a oportunidade de escapar completamente da ansiedade de ter que ser um indivíduo, além da chance de extirpar do mundo tudo o que lhe convencia de sua falta de aptidão para tal. Sua situação o levou a buscar conforto em comunidades isoladas, insuladas das pressões morais da individualidade. Porém, a oportunidade que ele tanto procurava apareceu de verdade quando reconheceu que, ao invés de estar sozinho no mundo, ele pertencia à classe mais populosa da sociedade moderna na Europa, a classe que não tinha suas próprias escolhas a ser feitas. Por conseguinte, tendo reconhecida sua superioridade numérica, o «anti-indivíduo» se enxergou como o «homem massa», descobrindo assim como escapar de sua situação. Uma vez que, mesmo que o «anti-indivíduo» seja diferenciado por sua disposição — no caso a de somente aceitar que os outros sejam uma réplica dele, impondo a todos uma uniformidade de crença e conduta que não deixa espaço nem para os prazeres nem para as angústias da escolha — e não pelos números em si, sua conduta é chancelada pelo suporte do resto de sua espécie. Ele não pode ter amigos (porque amizade consiste na relação entre dois indivíduos), só camaradas. As «massas» tal como surgem na história da Europa moderna não é composta de indivíduos; são feitas de «anti-indivíduos» reunidos em uma repulsa à individualidade. Consequentemente, mesmo que um notável crescimento da população da Europa ocidental durante os últimos quatro séculos tenha sido uma condição para o sucesso com que esse personagem se impôs, ela ainda assim não era uma condição para a existência do personagem em si.

Entretanto, o «anti-indivíduo» possuía sentimentos ao invés de pensamentos, impulsos no lugar de opiniões, incapacidades no lugar de paixões; estando levemente ciente de seu poder. Sendo assim, ele necessitava de líderes; a bem da verdade, o conceito moderno de líder está intimamente ligado ao «anti-indivíduo», e sem ele nem caberia o uso do termo. Uma associação de indivíduos exige um governante, não havendo lugar para um líder. O «anti-indivíduo» precisava de alguém para lhe dizer o que pensar; seus impulsos tinham que ser transformados em desejos, e estes em projetos; ele tinha que se fazer convencido de seu poder; tais eram as tarefas do líder. Realmente, se analisarmos sobre certa ótica, as «massas» podem ser vistas como a invenção de seus líderes.

A submissão natural do « homem massa» era para ser por si só capaz de promover a manifestação dos líderes em questão. Ele era inquestionavelmente um instrumento para ser manuseado, e não há dúvida de que o instrumento gerou o «virtuoso». Mas havia, em verdade, um personagem pronto para ocupar essa posição. Era preciso um homem que pudesse aparecer tanto como a imagem quanto como o mestre de seus seguidores; um homem que pudesse fazer escolhas mais facilmente para os outros do que para ele mesmo; um homem disposto a se importar com a vida dos outros porque lhe faltava a habilidade de conseguir cuidar de sua própria. E esses eram, precisamente falando, os atributos do «indivíduo *manqué*», cujos êxitos e fracassos no que diz respeito à individualidade se encaixavam perfeitamente nele para tal tarefa de liderança. Ele era indivíduo o suficiente para perseguir uma satisfação pessoal no exercício da individualidade, porém não o bastante para sê-lo em outra atividade que não mandar nos outros. Ele se amava muito pouco para ser qualquer coisa além de um egoísta; e o que seus seguidores tomaram por ser uma preocupação genuína com sua salvação era na verdade nada além de uma vaidade de alguém quase desprovido por completo de um «eu». Não há dúvida de que as «massas» na Europa moderna tiveram outros líderes além desse espertalhão frustrado que liderava somente à base de bajulação, cuja única preocupação era o poder; mas a verdade é que eles nunca tiveram alguém tão apropriado — pois ele nunca chegou a incitá-los a serem críticos quanto a seus impulsos. Por certo os «anti-indivíduos» e seus líderes eram a contraparte de uma singular situação moral; eles se confortavam e proviam as necessidades uns dos outros. Entretanto, essa era uma frágil parceria; movido por impulsos mais do que por desejos, o «homem massa» foi submisso mas não leal a seus líderes: até mesmo a exígua individualidade do líder despertava sua suspeita. E a ambição do líder por poder o deixara disposto a atiçar em seus seguidores a esperança que ele nunca conseguira satisfazer.

De todas as formas que o «anti-indivíduo» se impôs na Europa ocidental, duas delas se sobressaem. Ele gerou uma moralidade feita sob medida para tomar o lugar da moralidade da individualidade; e evocou um entendimento de um ofício de governo e de formas de se governar convenientes a seu caráter.

O momento da emergência da moralidade do «anti-indivíduo», não relacionada à liberdade ou à autodeterminação, mas à igualdade e à solidariedade, é, logicamente, difícil de precisar; mas já é claramente visível no século XVII. A obscuridade de seu início é devida em parte ao fato de que seu vocabulário era primeiramente o da moralidade do falecido sistema comunal; e há pouca dúvida de que dessa falsa afinidade tenha derivado força e plausibilidade. Porém esta era uma moralidade nova, gerada em oposição à hegemonia da individualidade que clamava pelo estabelecimento de uma nova condição da circunstância humana que refletisse as aspirações do «anti-indivíduo».

O núcleo dessa moralidade era o conceito de uma condição de circunstância humana substantiva que supostamente era partilhada por todos, ou o «bem comum», entendido não como a composição de vários bens que cada indivíduo deveria buscar por sua própria conta, mas como uma entidade independente. O amor-próprio, reconhecido pela moralidade da individualidade como uma consequência natural da atividade humana, era tido pelo «anti-indivíduo» como o mal. No entanto, era para ser reposto não pelo amor aos outros, ou por «caridade» ou «benevolência» (o que os teria feito cair na armadilha do vocabulário da individualidade), mas sim pelo amor à comunidade.

Ao redor desse núcleo girava uma constelação de crenças deveras oportuna. Desde o começo, os arquitetos dessa moralidade identificaram a propriedade privada com a individualidade, e consequentemente conectaram sua abolição com a condição da circunstância humana apropriada ao «homem massa». Mais adiante, chegou-se à conclusão de que seria adequado que a moralidade do «anti-indivíduo» fosse radicalmente igualitária: como deveria o «homem massa», cuja única marca era sua semelhança com seus companheiros e cuja salvação residia no reconhecimento de outros como meras réplicas deles mesmos, aprovar alguma divergência com uma exata uniformidade? Tudo deve ser igual, e todas as unidade, anônimas dentro de uma comunidade. E, na geração de tal moralidade, o personagem da unidade era incansavelmente explorado. Ele era visto como um «homem» em si, como um «camarada», como um «cidadão». Mas o diagnóstico mais acurado, o de Proudhon, o classificava como um «devedor», pois de acordo com essa noção o que se afirmava não era a ausência de distinção entre as unidades que compunham a comunidade (todos são «devedores» do mesmo jeito), mas também a existência de uma dívida que era devida, não aos outros, mas à própria comunidade: ao nascer lhe é dada uma herança que ele não ajudou em nada a ser acumulada, e, qualquer que seja a magnitude de sua eventual contribuição, os dividendos nunca atingiram as contribuições: ele morre forçosamente insolvente.

Essa moralidade do «anti-indivíduo», a moralidade de uma *solidarité commune*, começou a ser erigida no século XVI. Seus formuladores foram mormente visionários, pouco cientes de seus propósitos, faltando-lhes inclusive uma numerosa audiência. Mas uma mudança no *momentum* se deu quando o «anti-indivíduo» se reconheceu como o «homem massa» e percebeu o poder que sua superioridade numérica lhe conferia. O reconhecimento de que a moralidade do «anti-indivíduo» era, em primeiro lugar, a moralidade não de um setor de aspirantes, mas de uma classe bem definida e majoritária na sociedade (a classe não era necessariamente dos pobres, era de qualquer um que por algum motivo se via privado do direito de exercer a individualidade), e que em vista disso o interesse dessa classe deveria se impor sobre o resto da humanidade, surge primeiramente de forma inquestionável nas obras de Marx e Engels.

Ou seja, antes do fim do século xix, a moralidade do «anti-indivíduo» havia sido uma reação à aspiração do «homem massa». Ela era, em muitos aspectos, uma construção débil: nunca chegou a atingir uma estrutura como as que Kant, Hobbes ou Hegel construíram para a da individualidade; e nunca resistiu a cair nos mesmos lapsos conceituais que a própria individualidade caiu. Mesmo assim ela repercutiu um reflexo tolerável do «homem massa», o qual através desse aparato fica mais bem conhecido para si mesmo. Porém aqui não estamos preocupados com seus méritos ou seus defeitos, a preocupação é unicamente apontá-lo como evidência do poder com que o «homem massa» se impôs na Europa moderna ao longo de um período de quatro séculos. A «anti- -individualidade», muito antes do século XIX, já havia se estabelecido como uma das maiores tendências da Europa. E seus contornos já eram discerníveis o suficiente para ser reconhecida indiscutivelmente por Sorel, e para ser identificada por escritores como Nietzsche, Kierkegaard e Burckhardt como a imagem do novo barbarismo.

Desde o início (século XVII), aqueles que falavam em nome do «anti-individualismo» notaram que suas contrapartes, uma comunidade que refletia seus anseios, implicava um «governo» de certa forma ativo. Governar era tido como o exercício do poder no intuito de impor e manter uma condição substantiva das circunstâncias humanas identificadas como o «bem comum»; ser governado era, para o «anti-indivíduo», que alguém tomasse as decisões que ele não conseguia. Sendo assim, «governar» era o papel que consistia em encarnar tanto o arquiteto como o guardião, não de uma «ordem pública» dentro de uma «associação» de indivíduos cuidando de seus próprios negócios, mas de um «bem comum» de uma «comunidade». O governante era visto como sendo não o árbitro dos choques entre indivíduos, mas o líder moral e diretor geral da «comunidade». E essa compreensão de governo foi pregada durante um período de quatro séculos e meio, de *A utopia* de Thomas Moore à Fabian Society, de Campanella a Lênin. Mas os líderes que serviram ao «homem massa» não eram meramente teóricos preocupados em se fazer entendidos em uma doutrina moral ou nas melhores formas de governar; eles também eram homens práticos que revelaram ao personagem seu poder e a maneira pela qual deveria se portar uma instituição democrática para concretizar suas aspirações. E, se chamarmos a forma de governo gerada pela individualidade «governo parlamentar», podemos chamar a corruptela disso feita pelo «homem massa» de «governo popular». No entanto, é importante entender que essas são formas de governo baseadas em visões totalmente distintas.

O indivíduo emergente do século XVI procurava novos direitos, e por volta do início do século XIX esses direitos apropriados a seu caráter haviam sido, na Inglaterra e em outros lugares, estabelecidos em larga escala. O «anti-indivíduo» observou tudo isso e se convenceu de que o contexto que se via (em especial a pobreza) era o que o impedia de compartir tais privilégios. Consequentemente, esses novos direitos, pronunciados como se fossem de fato compartilhados por todos, foram entendidos pelos «homem massa», em primeiro lugar, como uma escada para eventualmente poder um dia compartilhar de fato os privilégios com seus compatriotas mais bem colocados na vida. Mas isso era uma grande ilusão; primeiro porque na verdade esses direitos já eram com efeito seus, e segundo porque o direito não lhes servia de nada, haja vista que a disposição do «homem massa» não era se tornar um indivíduo, nem a intenção de seus líderes era lhe guiar por esse caminho. O que o preveniu realmente de usufruir dos direitos da individualidade (que estavam tão disponíveis a ele quanto a qualquer outro) não era bem sua «circunstância», mas seu caráter — seu «anti-individualismo». Os direitos da individualidade eram forçosamente de tal ordem que o «homem massa» não poderia fazer dele qualquer uso. E dessa forma, no fim, ele inverteu a equação: o que veio a exigir foram direitos de uma ordem totalmente oposta, implicando mesmo a abolição de todos os direitos da individualidade.

Ele requeria o direito de poder gozar a substantiva condição da circunstância humana, na qual não era obrigado a fazer escolhas por si próprio. Nada lhe servia «a busca pela felicidade» — tal coisa só poderia ser um fardo para ele: precisava do direito de «gozar a felicidade». E, olhando para dentro de seu próprio caráter, ele o identificou com a segurança — mas novamente não uma segurança contra uma interferência arbitrária no exercício de sua preferência, mas segurança contra o fato de ter que fazer escolhas por si próprio e contra a ameaça de ter que enfrentar as vicissitudes da vida por conta própria. Em suma, o direito que ele reclamava, o direito compatível com seu caráter, era o direito de viver em um protetorado social que o libertava do fardo da autodeterminação.

No entanto, essa condição de circunstância humana era vista como impossível a não ser que fosse imposta sobre todos, sem exceção. Enquanto a «outros» fosse permitido fazer escolhas por conta própria, não apenas sua angústia em ser inapto para tal o abalaria emocionalmente, como também o protetorado social o qual ele tomava como sua contraparte seria desmantelado. A segurança que ele almejava implicava uma genuína igualdade de circunstâncias para todos os homens. A condição que buscava era uma em que ele iria encontrar nos outros somente uma réplica dele mesmo: o que ele era, todos deveriam se tornar.

Ele reclamava essa condição como um direito, e consequentemente perseguia um governo que estava disposto a provê-lo, imbuído de um poder necessário para instaurar o padrão de política com vistas ao chamado «bem público». «Governo popular» nada mais é que uma modificação de «governo parlamentar» designado para cumprir esse objetivo. E, se essa teoria for correta, «governo popular» está tão insinuado em «governo parlamentar» quanto os direitos apropriados ao «anti-indivíduo» estão insinuados nos direitos apropriados à individualidade: eles não são complementares, mas diretamente opostos. Entretanto, o que venho chamando de «governo popular» não é uma forma concreta de governo estabelecida e praticada: é uma tendência a impor certas modificações no «governo parlamentarista» no intuito de convertê-lo em uma forma de governo apropriada às aspirações do «homem massa».

Essa tendência se revelou em empreitadas específicas, e em maneiras e hábitos menos específicos com respeito ao governo. A primeira grande delas foi o estabelecimento do sufrágio universal. O poder do «homem massa» está em seus números, e este é trazido para o governo por meio do voto. Em segundo lugar, a necessidade de cambiar o perfil do representante parlamentar foi levantada: este não pode ser um indivíduo, mas um *mandataire* investido da tarefa de impor a substantiva condição da circunstância humana requerida pelo «homem massa». O «Parlamento» tem que virar um workshop, não uma assembleia de debate. Nenhuma dessas mudanças estava insinuada no «governo parlamentar»; ambas, até onde foram aceitas, implicavam uma assembleia com um novo caráter. Seus efeitos imediatos tiveram dois tipos de desdobramentos: primeiro, para confirmar a autoridade de meros números (uma autoridade desconectada de qualquer prática do governo parlamentar); em segundo lugar, para atribuir ao governo um aumento substancial de poder.

Porém, as instituições do «governo parlamentar» mostraram ter somente uma limitada elegibilidade para ser convertidas em plataformas propícias para as aspirações do «homem massa». Mesmo assim, o que se percebeu foi que uma assembleia de delegados instruídos era vista como vulnerável a um dispositivo muito mais apropriado — o plebiscito. Assim como reside no caráter do «homem massa» o fato de ele enxergar em todo mundo um funcionário público, um agente do «bem público», e de ver seus representantes não como indivíduos, mas como delegados instruídos, ele também passou a ver cada votante como um participante direto da atividade de governar: e o meio para isso era o plebiscito. Uma assembleia eleita através de um sufrágio universal, composta de delegados instruídos e alicerçados pelo aparato do plebiscito era, então, a contraparte do «homem massa». E eles lhe deram exatamente o que queria: a ilusão sem a realidade de escolha; escolha sem o fardo de ter que escolher. Isso porque, junto com o sufrágio universal apareceram os grandes partidos políticos do mundo moderno, compostos não de indivíduos, mas de «anti-indivíduos». E tanto o delegado instruído quanto o plebiscito são aparatos para evitar fazer escolhas. O «mandato» desde o início foi uma ilusão. O «homem massa», como vimos, é uma criatura de impulsos, não de desejos; ele é completamente incapaz de traçar diretrizes para seus representantes seguirem. O que aconteceu de fato foi que, sempre que a tendência a um «governo popular» se concretizava, os representes eleitos deliberavam suas próprias ações e em um ato de ventríloquo diziam que assim agiam em nome dos eleitores: como um delegado instruído ele não é um indivíduo, e como um líder ele livra seus seguidores da necessidade de ter que fazer escolhas. De modo similar, o plebiscito não é um método pelo qual o «homem massa» impõe suas escolhas sobre os governantes; é um método de gerar um governo com autoridade sem limites para fazer o que bem entender. Com o plebiscito, o «homem massa» finalmente atinge a libertação final do fardo da individualidade: mandaram-no escolher enfaticamente o que escolher.

Portanto, nesses e em outros dispositivos constitucionais, e em hábitos de conduta política menos formais, fora gerada uma nova arte de política: a arte, não de governar (ou seja, de buscar os ajustes mais práticos na resolução de choques de interesses), nem mesmo de manter o apoio de uma maioria de indivíduos em uma assembleia «parlamentar», mas sim de saber qual oferta obterá o maior número de votos e anunciando-a de tal maneira que pareça emanar do «povo»; a arte, em suma, de «liderar» nos termos modernos. Além do mais, é sabido de antemão qual oferta obterá o maior número de votos: o caráter do «homem massa» é tal que será incitado somente pela promessa da «salvação». E qualquer um que a prometer poderá com toda a confiança demandar poder ilimitado, lhe será dado.

O «homem massa», da forma como entendo, se distingue por seu caráter, não por sua quantidade. Ele possui uma individualidade tão parca que, quando depara com uma experiência poderosa de individualidade, esta se insurge em «anti-individualidade». Ele confeccionou para si uma nova moralidade, uma compreensão oportuna do ofício de governo e modificações adequadas do «governo parlamentarista». Ele não é necessariamente «pobre», tampouco sente inveja só dos «ricos»; ele não é forçosamente ignorante, sendo mesmo muitas vezes membro da chamada *intelligentsia*; ele pertence a uma classe que não corresponde a nenhuma outra. Ele é reconhecido primeiramente por uma inadequação moral, não intelectual. Ele quer a «salvação»; e no fim será agraciado somente com o livramento de não ter que fazer escolhas por si próprio. Ele é perigoso, não devido a suas opiniões ou desejos, mesmo porque não possui nenhum dos dois; mas sim por sua submissão. Sua disposição é outorgar ao governo poder e autoridade jamais vistos na história; ele é totalmente incapaz de diferenciar um «governante» de um «líder». Resumindo, a disposição em ser um «anti-indivíduo» é algo a que todo o europeu tem uma propensão; o «homem massa» é somente alguém em quem essa propensão é dominante.

IV

De todas as conclusões que se tiram desta leitura, a mais importante é a urgência em descartar a mais perniciosa de todas dentre as tendências políticas. Muito se tem dito, e amplamente aceito, que o evento de suprema importância na história da Europa moderna é a «ascensão das massas ao poder social por completo». Mas, para averiguar que tal evento nunca ocorreu, basta deduzir as implicações que ele acarretaria. Se for verdade (e me esforcei para provar) que a Europa moderna dispõe de duas moralidades diametralmente opostas (a da individualidade e da anti-individualidade), que ela carrega dois modos de entender o ofício de governo e duas interpretações correspondentes do papel a ser exercido pelas instituições governamentais, então, para que o «homem massa» de fato estivesse em uma posição inquestionável de soberania seria necessário a supressão do que, sob qualquer prisma, é considerado nossa mais forte disposição política moral e a sobrevivência do mais fraco. Um mundo onde o «homem massa» exercesse «um poder social completo» seria um mundo em que a atividade de governar fosse entendida unicamente como a imposição de uma condição essencial da circunstância humana, um mundo onde o «governo popular» tivesse tomado o lugar do «governo parlamentarista», um mundo onde os direitos «civis» da individualidade tivessem sido revogados pelos direitos «sociais» dos «anti-indivíduos» — e não há evidências de que vivemos em tal mundo. Certamente o «homem massa» fundamentou sua emergência em uma moral e em uma forma de governo convenientes. Ele tentou transformar o mundo em uma réplica dele mesmo, ao que não fracassou de todo. Buscou usufruir do que não tem capacidade de criar, e tudo que lhe coube tocar permanece até hoje manchado. No entanto, ele continua sendo um caráter derivativo, uma emanação da procura pela individualidade, desamparado, parasitário e conseguindo sobreviver somente em contraposição à individualidade. Só nas circunstâncias mais favoráveis, ou seja, segregando-o de todas as influências externas, é que seus líderes conseguiram suprimir nele a irrefreável propensão em desertar do chamado da individualidade. Ele se impôs enfaticamente apenas onde a relíquia da moralidade dos laços comunais sobreviveu para emprestar algum senso de plausibilidade em seus impulsos. Alhures, as modificações que ele provocou nas formas de governo e nas crenças morais foram abrangentes, porém a noção de que tenham erradicado a moral da individualidade e o «governo parlamentarista» é descabida. Seu amor-próprio é deveras exíguo para que disponha efetivamente do único poder que lhe pertence, qual seja, sua superioridade numérica. A ele falta paixão, mais do que razão. Ele possui um passado em que lhe ensinaram a admirar a si mesmo e suas antipatias; possui um presente onde normalmente é objeto de um mal velado desdém de seus líderes; apesar das premonições políticas que lhe atribuem um futuro heroico, a verdade é que sua natureza de caráter não mente: ele não tem nada de herói.

Por outro lado, se julgarmos o mundo tal como se apresenta diante de nós (o que inclui, claro, a emergência do «homem massa»), é certo que o evento supremo e impactante da história da Europa moderna continua sendo o surgimento do indivíduo moderno como o entendemos hoje. A busca pela individualidade ensejou uma disposição moral, uma compreensão do ofício de governo e da forma de governar, uma multiplicidade de atividades e opiniões e uma noção de «felicidade», que deixou uma marca indelével na civilização europeia. O assalto do «homem massa» abalou mas não destruiu o prestígio da individualidade; mesmo o «anti-indivíduo», cuja salvação está na fuga, não conseguiu fugir a ela. O desejo das «massas» em gozar dos produtos da individualidade alterou seu ímpeto de destruição. E a antipatia do «homem massa» pela «felicidade» da «autodeterminação» facilmente se dissolve em autocomiseração. Considerando todos os pontos principais, o indivíduo ainda aparece como a substância e o «anti-indivíduo» como sua sombra.

Ser conservador

I

Não partilho da crença comum de que seria impossível (ou, se não impossível, tão pouco promissor que não valeria a pena nem mesmo tentar) deduzir princípios gerais explanatórios a respeito do que seria uma conduta conservadora. Pode até ser verdade que a conduta conservadora não motiva articulações mirabolantes no campo das ideias gerais, e por conseguinte tem havido certa relutância em levar a cabo empreitadas nesse sentido; porém não cabe pressupor que a conduta conservadora seja menos merecedora de descrição do que qualquer outra. No entanto, tal tarefa não é bem o que pretendo fazer aqui. Meu tema não é um credo ou uma doutrina, preocupo-me mais com a disposição. Ser conservador é estar inclinado a pensar e agir de certas maneiras; significa preferir alguns tipos de condutas e algumas circunstâncias de condições humanas a outras;

é ter uma tendência a fazer alguns tipos de escolhas. E meu intento aqui é tentar delinear essa disposição tal como aparece em seu caráter contemporâneo, sem ir tão longe além de enquadrá-la em uma discrição de princípios gerais.

As características gerais não são difíceis de discernir, embora muitas vezes tenham sido apontadas de forma equivocada. Elas giram em torno da ideia da propensão desse personagem histórico em usar e aproveitar o que se encontra disponível ao invés de ir atrás ou de inventar algo novo; regozijar-se com o presente e não com o passado ou com o que possa vir a acontecer. A reflexão pode suscitar certa gratidão pelo que está disponível, e portanto o reconhecimento de um presente ou uma herança do passado; ainda que não haja idolatria alguma ao que meramente jaz no passado. O que importa mesmo é o presente: e importa não devido a suas conexões com uma antiguidade remota, nem porque seja tido como mais admirável do que qualquer outra alternativa, mas sim devido a sua familiaridade: não o *verweile doch, du bist so schön*, mas sim o «fica comigo porque sou apegado a ti».

Se o presente for árido, não oferecendo nada a ser aproveitado, então essa inclinação será mais fraca ou ausente; se o presente for notavelmente instável, ela consistirá em uma busca por algo que seja firme e confiável, explorando, pois, o que houver de melhor no passado; no entanto, ela se mostrará com toda sua força quando o presente for abundante, e será ainda mais forte caso haja uma ameaça a essa condição. Em suma, é uma disposição típica de quem acredita ter algo a perder, algo que o tempo o ensinou a amar; um homem de certo modo rico em oportunidades de aproveitar a vida, mas nem tão rico assim que se permita dar-se ao luxo de ser indiferente à perda. Ela aparecerá com mais naturalidade no velho do que no jovem, não porque aquele seja mais sensível à perda, mas porque está mais apto a entender melhor a escassez de recursos disponíveis no mundo, e portanto lhes dá mais valor. Em algumas pessoas essa tendência é mais fraca por serem mais ignorantes a respeito do que o mundo pode lhes prover; o presente surge a elas como um desolador campo de falta de oportunidades.

Ser conservador é, pois, preferir o familiar ao estranho, preferir o que já foi tentado a experimentar, o fato ao mistério, o concreto ao possível, o limitado ao infinito, o que está perto ao distante, o suficiente ao abundante, o conveniente ao perfeito, a risada momentânea à felicidade eterna. Relações familiares e lealdades têm preferência sobre o fascínio pelas alianças de momento; comprar e aumentar é menos importante do que manter, cultivar e aproveitar; a tristeza da perda é mais aguda do que a empolgação pela novidade e pela promessa. Significa viver dentro dos limites do patrimônio, usufruir dos meios possíveis à riqueza, contentar-se com a necessidade de maior perfeição que é exigida a cada um em dada circunstância. Para algumas pessoas essa postura seria fruto de uma escolha; para outras seria uma disposição que surge naturalmente, com maior ou menor frequência, em suas preferências e aversões, sem que tenham sido escolhidas ou especificamente cultivadas.

Tudo isso se traduz em certa atitude com relação aos fenômenos da mudança e inovação: mudança aqui no sentido de alterações que nos são impostas ao longo da vida, e inovação relativa a tudo o que planejamos e executamos com vistas a modificações específicas em nossas condições de vida.

Mudanças são circunstâncias às quais devemos nos acomodar, e a inclinação a ser conservador é tanto o símbolo de nossa dificuldade de assimilar essa acomodação quanto a referência que utilizamos para assim agir. As mudanças não afetam a vida somente de quem não percebe nada, de quem não tem noção do que possui, ou seja, um apático; elas somente podem ser recebidas de braços abertos por aqueles que não prezam por nada, cujos apegos são fugazes e que são estranhos ao amor e à afeição. A disposição conservadora não enseja nenhuma dessas condições; a inclinação a aproveitar tudo o que é presente e disponível é o oposto de ignorância e apatia, porque gera laços afetivos. Consequentemente, é avessa à mudança, sempre vista com uma conotação de privação. Uma tempestade que se abate sobre uma paisagem e destrói a vista favorita, a morte de amigos, uma amizade que perde a força, o desaparecimento de hábitos de comportamento, a aposentadoria do palhaço favorito, exílio involuntário, virada na sorte, a perda de habilidade e com ela a substituição na profissão — tudo isso é mudança, e, mesmo que venha com suas devidas compensações, o homem de temperamento conservador invariavelmente não se contentará. No entanto, ele tem grande dificuldade em se ajustar a novos cenários não porque tenha perdido algo melhor do que a compensação, nem porque esta não seja passível de ser desfrutada, mas sim porque o que ele perdeu era algo que de fato gozava e que ele aprendeu a gostar ao longo do tempo, ao contrário do que entrou em seu lugar: uma coisa estranha, fria, sem laços afetivos. Ainda na mesma linha de raciocínio, ele tende a ser mais tolerável às pequenas e lentas mudanças do que às abruptas e de grande escala, valorizando toda a aparência de continuidade. A bem da verdade, algumas mudanças realmente não lhe causam nenhum mal; porém, repito, não é devido ao fato de elas serem a manifestação de algo melhor que entrou no lugar do que se fez obsoleto, e sim porque elas eram facilmente assimiláveis: as mudanças das estações são dadas por sua recorrência e o crescimento das crianças por sua continuidade. No geral, ele se acomoda mais prontamente a mudanças que não atinjam suas expectativas do que às que comprometam planos futuros.

Além do mais, ser conservador não é meramente ter aversão à mudança (o que pode ser uma idiossincrasia); também é uma maneira de nos acomodarmos a mudanças, uma necessidade que se impõe a todo homem. A mudança é sempre uma ameaça à identidade, um símbolo de extinção. A identidade de um homem (ou de uma comunidade) não passa de um ensaio ininterrupto de contingências, cada uma à mercê de circunstâncias e com sua significância atrelada à familiaridade. Ela não é uma fortaleza para onde podemos nos retirar, e o único meio que temos de defendê-la (quer dizer, defender nós mesmos) contra as forças hostis da mudança é conduzi-la para a batalha no campo aberto de nossa experiência; jogando todo nosso peso no pé que se encontra temporariamente fincado, ao mesmo tempo cortando laços com qualquer familiaridade que não esteja em iminência de ameaça e com isso assimilando o que é novo sem nos tornamos irreconhecíveis para nós mesmos. Os Massais, quando foram retirados de sua terra e deslocados para a reserva onde hoje se encontra o Quênia, levaram consigo os nomes de seus rios, montanhas, campos e os atribuíram a outros rios, montanhas, campos de seu novo mundo. É por causa de subterfúgios desse tipo que muitos conseguiram evitar que mudanças de grande porte em suas vidas os levassem à ignomínia da extinção.

Mudanças, portanto, são sempre sofridas; e um homem de temperamento conservador (ou seja, alguém muito disposto a preservar sua identidade) não consegue se fazer indiferente. Em geral, ele as classifica de acordo com os distúrbios que lhe trazem e, como todo mundo, aplica seus recursos em mitigá-los. A ideia de inovação, por outro lado, pressupõe melhora. No entanto, um homem com essa tendência nunca será exatamente um ardente inovador. Em primeiro lugar, ele tende a acreditar que todo o acontecimento pressupõe uma grande mudança, ou seja, acaba ficando sempre com um pé atrás diante da inovação: o uso e o desfrute das coisas como elas são ocupam a maior parte de seu tempo. Além disso, ele está ciente de que, na verdade, não é toda inovação que acarreta melhora: e pensará que inovar sem melhorar é tolice. Cabe reforçar que, mesmo quando uma inovação ganha o merecido *status* de melhora, ele ainda assim analisará atentamente seus argumentos. De seu ponto de vista, uma vez que toda inovação requer uma mudança, a disrupção antecipada tem que ser comparada com o benefício projetado. Mas, mesmo que ele se sinta saciado por todas essas considerações, ainda haverá outras que vão compeli-lo. Uma inovação é sempre um processo que envolve riscos, em que perdas e ganhos (mesmo que excluamos a perda de familiaridade) são tão emaranhados entre si que se torna praticamente impossível prever o desfecho: não existe melhora se não a podemos mensurar. A inovação é uma atividade em que não se gera apenas a melhora almejada, mas uma situação nova e complexa da qual ela é um dos componentes do cenário final. A mudança total no fim sempre é maior do que cabe nos planos; as implicações totais nunca poderão ser previstas, sequer medidas. Sendo assim, sempre que houver inovação ele espera que o produto final das mudanças exceda aos cálculos pretendidos, ciente de que haverá tanto perdas quanto ganhos, e que estes não serão igualmente distribuídos entre a população afetada; há a chance de os benefícios advindos das mudanças superarem as expectativas, mas também é possível que sejam eclipsados por algumas mudanças para pior.

De tudo isso, um homem de temperamento conservador tira algumas conclusões. Primeiro, inovação implica certas perdas e ganhos, destarte, o ônus da prova de que a mudança proposta seja no total boa ou ruim fica com o inovador em potencial. Em segundo lugar, ele acredita que quanto mais uma inovação tenha o aspecto de crescimento (ou seja, quanto mais ela for intimamente compreendida, e não apenas imposta) menos provavelmente resultará em cenário final de maiores perdas. Em terceiro lugar, ele pensa que uma inovação em resposta a um defeito específico, algo designado a cobrir um desequilíbrio pontual, é mais aceitável do que algo que saia de uma noção geral de aperfeiçoar a condição da circunstância humana ou que busque qualquer espécie de perfeição. Consequentemente, ele prefere pequenas e limitadas inovações às grandes e indefinidas. Em quarto lugar, ele favorece um compasso mais devagar ao mais rápido e pausa para observar o processo e fazer possíveis ajustes. Por último, ele acredita que a ocasião é importante; e, todas as variáveis mantidas, ele considera que a melhor ocasião para inovação é quando a mudança almejada fica mais claramente delineável e menos vulnerável às vicissitudes do processo.

A disposição em ser conservador é, então, aberta e positiva para a diversão, e correspondentemente fria e crítica quanto à mudança e inovação: essas duas proposições suportam e iluminam uma à outra. O homem de temperamento conservador crê que um bem conhecido não se rende facilmente a uma melhora desconhecida. Ele não é apaixonado pelo perigo e pela dificuldade; não tem nada de aventureiro; não lhe atrai a ideia de velejar por mares desconhecidos; para ele não existe mágica em estar perdido, confuso ou naufragado. Se for forçado a navegar águas desconhecidas, ele enxerga virtude em parar a todo o momento. O que os outros plausivelmente identificam como timidez, ele nota prudência racional; o que os outros interpretam como falta de pró-atividade, ele reconhece como tendência a aproveitar ao invés de explorar. É precavido, e está sempre disposto a indicar se concorda ou discorda, nunca em termos absolutos, mas em graus. Seu paradigma o obriga a enxergar dada situação de mudança nos termos da propensão para romper com a familiaridade dos aspectos de seu mundo.

II

Acredita-se amplamente que essa disposição conservadora é profundamente enraizada no que se chama de «natureza humana». A mudança cansa, a inovação exige esforço, e os seres humanos (dizem) estão mais aptos a ser preguiçosos, não dinâmicos. Caso já tenham encontrado um jeito satisfatório de se virar no mundo, param, evitando caçar problemas. São naturalmente apreensivos com o desconhecido e preferem a segurança ao perigo. São inovadores relutantes, e aceitam a mudança não porque gostam, mas (Rochefoucauld dizia que eles aceitam a morte) porque não há escapatória. Mudança gera medo, não alegria: o paraíso para eles se caracterizaria mais como o mundo imutável do que como o mundo perfeito.

É claro que, para aqueles que entendem a «natureza humana» dessa forma, o conservador não está sozinho nesse aspecto; eles apenas alegam que nele tal traço se apresenta de forma dominante, sendo talvez a mais forte propensão humana. E, até onde sabemos, há algo a ser dito para aqueles que partilham dessa crença: as circunstâncias humanas atuais seguramente seriam muito diferentes caso não houvesse um forte componente de conservadorismo nas preferências humanas. Povos primitivos supostamente se agarram mais ao que é familiar e demonstram aversão à mudança; os mitos antigos estão repletos de avisos contra a inovação; nosso folclore e sabedoria proverbial ao dissertar sobre conduta abundam de preceitos conservadores; e quantas lágrimas não são derramadas por crianças quando forçadas a se adaptar a novas condições? A bem da verdade, onde quer que uma forte identidade tenha sido concretizada, e onde quer que ela esteja em vias de ser exterminada, uma disposição conservadora inevitavelmente irá se fazer presente. Por outro lado, a tendência na adolescência é na maioria das vezes predominantemente aventureira e experimental: quando somos jovens, nada parece mais desejável do que correr riscos; *pas de risque, pas de plaisir*. E, enquanto alguns povos, durante um longo período, parecem ter evitado com sucesso alterações em seu modo de vida, a história de outros demonstram períodos de intensa e intrépida inovação. A verdade é que não dá para lucrar muito com especulação geral acerca da «natureza humana», o que não seria, como tudo que conhecemos, nem um pouco palpável. Vale mais a pena se debruçar sobre nossa natureza humana atual, ou seja, considerar nós mesmos assim como somos.

Dentro de nós, penso eu, a disposição em ser conservador está longe de ser notavelmente forte. É verdade que, caso se julgue por nossa conduta durante os últimos cinco séculos mais ou menos, um estranho desprovido de preconceito talvez dissesse plausivelmente que somos apaixonados pela mudança, que só temos apetite para a inovação e que somos tão desapegados de nossa identidade que a arriscamos por qualquer coisa. Em geral, o fascínio pelo que é novo é sentido de maneira muito maior do que o conforto do que é familiar. Somos programados a pensar que nada realmente importante acontece ao menos que grandes inovações estejam à frente, e o que não está melhorando necessariamente tem que estar se deteriorando. Há um preconceito positivo em favor do que não foi ainda testado.

Pressupomos prontamente que toda mudança é, de alguma forma, para melhor, e somos facilmente persuadidos de que todas as consequências das inovações implicam melhoras ou que ao menos são um preço razoável a pagar para atingir o que pretendemos. Enquanto o conservador, caso seja forçado a jogar, aposta no palpável e certo, estamos inclinados a arriscar nossas fichas em caprichos sem grandes cálculos, desprovidos de ansiedade pela derrota. Nossa sanha por comprar chega ao ponto da avareza, dispostos a deixar cair o osso que possuímos por seu reflexo ampliado no futuro. Nada é feito para sobreviver às melhorias em um mundo onde tudo está passando por constantes mudanças: a expectativa de vida de tudo, exceto dos seres humanos, segue em declínio. Piedades são fugazes, a lealdade evanescente e o rápido passo da vida nos alertam para o perigo de se apegar a qualquer coisa. Estamos dispostos a experimentar tudo pela primeira vez, independentemente das consequências. Uma atividade disputa com a outra o *status* de «estar na moda»: carros e televisões descartados têm sua contraparte em moral e crenças abandonadas: o olho está sempre atento aos novos modelos de produtos. Ver é imaginar o que poderia ser no lugar do que é; tocar é transformar. Qualquer que seja o formato ou a qualidade do mundo, seguramente não a queremos por muito tempo. E aqueles que já embarcaram na locomotiva do tempo infectam os que chegam atrás com sua energia e empreendedorismo. *Omnes eodem cogemur*: quando não somos mais tão ágeis, sempre podemos achar lugar na banda.

É claro que nosso caráter possui outros ingredientes além da paixão por mudança (não fomos totalmente privados dos impulsos de festejar e de preservar), porém há poucas dúvidas de que tal traço ganhou caráter dominante. E, nessas circunstâncias, parece apropriado que uma disposição conservadora deveria aparecer, não como uma inteligível (ou mesmo plausível) alternativa a nosso hábito mental «progressista», mas ou como um obstáculo ao movimento, ou como um guardião de um museu onde parcos exemplos de sucessos são preservados para que crianças boquiabertas se entretenham: um tipo de zelador do que de tempos em tempos é considerado passível de ser mantido, o que chamaremos (bem ironicamente) de amenidades da vida.

Nossa descrição aqui sobre a disposição a ser conservador e sua situação atual pode terminar com a visão do homem em quem essa tendência é forte remando contra a maré, desmerecido não somente porque o que tem a dizer é falso, mas porque se tornou irrelevante; deslocado, não devido a um demérito intrínseco, mas somente pela enxurrada das circunstâncias; um caráter apagado, tímido, nostálgico, que provoca pena como pária e desdém como reacionário. No entanto, acredito que haja algo mais a ser dito. Mesmo nessas circunstâncias, quando uma disposição mental conservadora para coisas em geral é inegavelmente marginalizada, há ocasiões em que ela se mantém não só apropriada, mas bastante conveniente; e há momentos nos quais somos inevitavelmente compelidos a seguir uma direção conservadora.

Em primeiro lugar, há certo tipo de atividade (não extinta ainda) que pode ser engajada somente através de uma atitude conservadora, qual seja, atividades que buscam deleite momentâneo e não lucro, prêmio, recompensa ou um resultado final que agregue algo à experiência. E, quando essas atividades são classificadas como o símbolo dessa disposição, o conservadorismo se torna não uma corrente reacionária a uma atitude «progressistas» capaz de englobar toda a variedade de conduta humana, mas um temperamento exclusivamente apropriado em um largo e significativo campo da atividade humana. E o homem que se engaja nessas atividades é visto como conservador somente porque não há outra opção, nunca como um homem inclinado a ser conservador em tudo na vida. Em suma, se nos achamos (como a maioria se acha) inclinados a rejeitar o conservadorismo como uma disposição pertinente com respeito à conduta humana em geral, ainda resiste um tipo de conduta humana em que ela não unicamente é apropriada, mas de fato se faz necessária.

Existem, logicamente, inúmeros relacionamentos humanos nos quais a disposição em ser conservador, uma tendência a simplesmente aproveitar o que quer que seja apenas pelo prazer em si, não é particularmente apropriada: mestre e serviçal, proprietário e administrador, comprador e vendedor, diretor e agente. Nessas modalidades, cada um busca algum tipo de serviço ou recompensa. Um cliente que vir que um dono de uma loja é incapaz de suprir suas demandas, ou o convence a aumentar seu estoque, ou vai comprar em outro estabelecimento; e um dono de loja que se perceba incapacitado para suprir um pedido de um cliente, logo tenta persuadi-lo a comprar outro tipo de produto. Um serviçal descontente com seu salário pede um aumento; e outro insatisfeito com suas condições de trabalho sai atrás de outro. Em resumo, em todas essas relações algum tipo de resultado é perseguido; cada parte se preocupa com a capacidade do outro em prover o que lhe interessa. Se o que se busca está em falta, espera-se que o relacionamento seja abalado ou mesmo finalizado. Ser conservador em situações dessa natureza, ou seja, agarrar-se a algo que é presente e disponível independentemente de estar suprindo suas necessidades, meramente porque lhe é familiar, seria uma conduta que demonstraria um *jusqu'aubutiste* conservador, uma inclinação irracional para justificar relacionamentos que clamam por uma aproximação distinta quando confinadas em uma lógica de oferta e demanda, sem espaço para considerações de lealdade e apegos que brotam de ambiente familiar.

Em todo caso, existem relações de outro tipo nas quais não se busca nenhum benefício, em que nenhum resultado é almejado e que são desfrutadas pelo simples prazer do deleite. Isso vale para a amizade. Aqui, o apego surge de uma insinuação familiar e subsiste em um mútuo compartilhamento de personalidades. Ficar trocando de açougueiro até encontrar o que lhe vende a melhor carne, ficar treinando o serviçal até que ele aprenda como lhe servir melhor, são condutas apropriadas a certo tipo de lógica de relacionamento; mas sair descartando amigos porque eles não são como gostaríamos é uma conduta totalmente incompatível com outro tipo de realidade. Aos amigos não interessa o que pode ser feito do outro, somente a satisfação de suas companhias; a condição dessa satisfação é uma aceitação das coisas como elas são, livre da sanha de mudança e melhora. Um amigo não é alguém que confiamos que se comportará de certa maneira, quem supre necessidades, quem tenha algumas habilidades específicas ou quem possua opiniões políticas aceitáveis; ele é alguém que atiça a imaginação, a contemplação, que provoca interesse, simpatia, deleite e lealdades simplesmente devido à relação que foi estabelecida. Um amigo não pode substituir outro; há toda uma diferença entre a morte de um amigo e a aposentadoria de seu alfaiate. A relação de amizades é dramática, não utilitária; o laço é somente de familiaridade, não de utilidade; a disposição levada a cabo é conservadora, não «progressista». E o que vale para a amizade também vale para outras experiências — como o patriotismo ou a conversação — cada uma delas exige uma inclinação conservadora como condição para ser desfrutada.

No entanto, indo além, existem atividades que não envolvem relações humanas mas que podem ser praticadas não tendo em vista prêmios, mas o prazer por si só, e estas também exigem que se tenha uma disposição conservadora. Tomemos como exemplo a pesca. Se seu plano é somente pescar um peixe seria tolice adotar uma postura conservadora. Você vai buscar a melhor vara, vai descartar práticas que no passado se provaram ineficazes, não vai se ater a pormenores relacionados a locais específicos, a misericórdia será efêmera, lealdades passageiras; você poderá até ser esperto em experimentar qualquer coisa na esperança de aperfeiçoar sua prática. Porém, a pesca é uma atividade que requer o engajamento total, não na tentativa de pescar um peixe, mas pelo prazer da prática em si mesma; e a verdade é que um pescador não voltará para casa menos contente por estar de mãos abanando. Nesse caso, a atividade se torna um ritual e, portanto, uma postura conservadora é apropriada. Por que se preocupar com as melhores iscas do mercado se não importa quantos peixes as fisgarão? O que importa é o prazer em exercitar as habilidades (ou mesmo só passar tempo), sendo assim não importa a isca utilizada, desde que lhe seja familiar e não grotescamente imprópria.

Quando o príncipe Wen Wang estava em um tour de inspeção em Tsang, ele viu um velho pescando, mas seus peixes não eram reais, pois ele não pescava para pegar peixes, e sim para se divertir. Então Wen Wang quis tê-lo na administração do governo, mas teve medo de seus ministros, em especial seu tio e irmão, serem contra a ideia. Por outro lado, se ele deixasse que o velho partisse, a ideia de que outras pessoas fossem privadas de sua influência o perturbava.

Consequentemente, todas as atividades em que se busque a diversão advinda da familiaridade, e não dependente de seus êxitos, são símbolos da disposição em ser conservador. E existem muitas delas. Fox colocou entre elas a jogatina quando afirmou que dela se tirava dois prazeres supremos, o prazer de ganhar e o prazer de perder. A verdade é que só consigo pensar em uma única atividade desse calibre em que não se demanda a adoção de uma postura conservadora: o amor à moda, ou seja, o prazer arbitrário pela mudança por si só independentemente do que ela acarrete.

Mas, além da enorme gama de atividades que só podem ser engajadas através da disposição de ser conservador, há momentos, quando da conduta de outras atividades, em que esta também se faz necessária; em verdade, há pouquíssimas atividades que não funcionam assim. Sempre que a estabilidade for mais proveitosa que a melhora, sempre que a certeza for mais valiosa que a especulação, sempre que a familiaridade for mais desejável que a perfeição, sempre que um erro acordado for superior a uma verdade controversa, sempre que uma doença for mais aceitável que sua cura, sempre que uma satisfação pelas expectativas for mais importante que a justiça delas, sempre que uma regra de qualquer natureza for preferível a não haver regra alguma, a disposição a ser conservador será mais apropriada que qualquer outra; e sob qualquer prisma da condição humana tal situação cobre uma vasta gama de circunstâncias. Até mesmo aqueles que veem o homem conservador (mesmo no que é vulgarmente denominado de sociedade «progressista») como um nadador solitário se debatendo contra uma maré de circunstâncias terão que ajustar seus binóculos na hora de desconsiderar todo esse amplo campo de situações.

Em muitas atividades em que não se faz necessário o engajamento pelo prazer puro, é possível distinguir entre os fins e os meios, ou melhor, entre a empreitada e as ferramentas utilizadas para abordá-la. Isso não é, claro, uma distinção absoluta; projetos são levados a cabo e administrados pelas ferramentas à disposição, e raramente elas são designadas especificamente *a priori*. O que pode ser um projeto em dada ocasião, pode ser uma ferramenta em outra. Além do mais, há ao menos uma significativa exceção: a atividade de ser poeta. É, entretanto, uma distinção importante que nos leva a enxergar a existência de uma diferença de postura em relação aos componentes distintos do processo.

Em geral, podemos afirmar que nossa disposição em relação às ferramentas é consideravelmente mais conservadora que a relativa aos projetos; ou, em outras palavras, ferramentas estão menos suscetíveis à inovação do que os projetos porque, salvo raras exceções, as ferramentas quase nunca são designadas somente para um projeto e depois deixadas de lado, sendo reutilizadas em toda uma classe de tarefas. E isso se dá claramente quando pensamos que cada ferramenta exige uma habilidade específica, indissociável da prática e da familiaridade: um homem habilidoso, seja ele um marinheiro, um contador ou um cozinheiro, é alguém familiarizado com certo grupo de ferramentas. É verdade que um carpinteiro é mais habilidoso ao lidar com suas próprias ferramentas do que com as usadas por outros carpinteiros; e um notário pode usar sua própria (devidamente anotada) cópia de Pollock sobre «Sociedades» ou de Jarman sobre «testamentos» mais prontamente do que qualquer outra. Familiaridade é a essência do uso de qualquer ferramenta, logo, enquanto o homem for um animal capaz de utilizar ferramentas, ele será programado para ser conservador.

Muitas das ferramentas de uso comum se mantiveram inalteradas ao longo dos anos; o design de outras passaram por modificações consideráveis; e nosso estoque vem sendo expandido sempre pelas novas invenções e melhorado por novas peças. Cozinhas, fábricas, lojas, edifícios e escritórios apresentam um repertório variado de novos e antigos equipamentos. Mas seja como for, quando qualquer negócio é colocado de pé, quando trabalhamos em certo projeto — seja assar uma torta ou ferrar um cavalo, alavancar um empréstimo ou uma companhia, vender seguro ou peixe para um cliente, construir um navio ou confeccionar roupas, semear trigo ou plantar batatas, abrir um porto ou levantar uma barragem —, reconhecemos como particularmente apropriado ser conservador em relação às ferramentas empregadas. Se o projeto for grande, colocamos alguém que tenham ampla experiência de campo, e esperamos dele que contrate empregados habilidosos que saibam utilizar o repertório de ferramentas em estoque. Em algum ponto dessa hierarquia de especialistas em ferramentas pode-se sugerir que esse trabalho em particular seja realizado adicionando um número x de novos instrumentos. Uma sugestão desse tipo provavelmente virá de alguém que se encontre no meio da hierarquia: não podemos esperar que um arquiteto pare tudo que está fazendo e diga «preciso fazer pesquisas fundamentais que me aumentarão mais cinco anos neste trabalho antes de seguir em frente» (sua caixa de ferramentas é um corpo de conhecimento e, portanto, esperamos que a tenha em mãos para fazer o trabalho na hora solicitada); e tampouco esperamos que um homem no fim da cadeia hierárquica disponha de ferramentas inadequadas para a realização de sua tarefa. Mas, mesmo que tal sugestão seja feita e eventualmente aceita, ainda assim não muda o fato de que a disposição a ser conservador seja dominante no que concerne ao uso total das ferramentas. A bem da verdade, nenhum trabalho seria realizado e nenhum negócio sairia do papel, caso nossa inclinação não fosse de caráter conservador. E, como fazer qualquer tipo de negócio nos ocupa a maior parte do tempo e pouco é feito sem o uso de alguma ferramenta, a disposição conservadora detém porção considerável de nosso caráter.

Um carpinteiro, mesmo que se disponha a fazer um trabalho que nunca fez antes, ainda assim chega com sua caixa de ferramentas e usará os conhecimentos que possui e tendo em vista o que já fez no passado. Se um bombeiro tivesse que inventar a cada tarefa novas formas de usar suas ferramentas, é provável que demorasse consideravelmente mais. Ninguém questiona o valor do dinheiro no mercado. Nenhum negócio seria possível se, antes de pesar um prato de queijo ou servir um copo de cerveja, o padrão de medida fosse questionado todo o tempo. Um cirurgião não interrompe uma operação para redesenhar seus instrumentos. A federação de críquete não autoriza uma nova largura dos bastões ou um novo peso de bola no meio da temporada. Quando sua casa está pegando fogo você não liga para a prefeitura reclamando das condições ambientes que possivelmente levaram ao acidente; como apontou Disraeli, ao menos que você seja louco, você liga para o corpo de bombeiros. Um músico pode improvisar uma música, embora seja inapto para inventar um novo instrumento musical. Sempre quando um trabalho complicado tem que ser feito, o trabalhador vai preferir fazer uso da ferramenta que lhe seja mais familiar dentre as que se encontram em sua caixa, mesmo que haja alguma entre elas mais moderna e supostamente mais eficiente. Não há dúvida de que há lugares e lugares para ser radical e aproveitar para testar uma nova ferramenta ou inovar no uso de uma já antiga, mas ainda assim tais ocasiões exigem uma postura conservadora no manejo.

Agora, o que é verdade em relação a ferramentas em geral, diferentemente de projetos, é ainda mais pertinente em relação a ferramentas de uso mais comum, qual seja, regras gerais de conduta. Se a familiaridade que brota da imunidade a mudanças é apropriada a martelos e pinças e a bastões e bolas, ela é ainda mais apropriada a, por exemplo, rotina de escritório. Sem dúvida as rotinas são passíveis de melhoras, mas quanto mais familiares elas se tornam melhores elas são é. Não ter disposição em relação à rotina não faz o menor sentido. É lógico que surgem situações em que se faz necessário abrir uma exceção; no entanto, o fato é que a disposição em ser conservador, em detrimento de ser reformista, não muda. Considere a conduta de uma sessão pública, as regras de debate no congresso ou os procedimentos de uma corte de justiça. A principal virtude desses arranjos é que eles são fixos e familiares; estabelecem e satisfazem certas expectativas, permitem que sejam elencadas em ordem de importância reinvindicações mais ou menos relevantes, preservam o sistema de choques externos e assim guardam energia. São ferramentas-padrão — instrumentos elegíveis para serem aplicados em diversas situações de natureza similar. São o produto de escolha e reflexão, não há nada sagrado em relação a eles, sendo mesmo suscetíveis a mudanças e melhoras; porém, se nossa disposição com respeito a eles não fosse marcadamente conservadora, tendo que discutir e debruçar sobre tudo e reformando a todo tempo, eles consequentemente perderiam seu valor. E, enquanto pode haver raras ocasiões em que seja útil encarar de outra forma, é cabalmente apropriado que não se inove um processo que já está em curso. Novamente, consideremos as regras de um jogo. Elas também são produto de escolha e reflexão, e há situações em que é preciso revê-las sob a luz de novos acontecimentos; mas seria simplesmente inapropriado tomá-las com uma disposição que não fosse de caráter conservador, sendo extremamente inapropriado tentar melhorá-las no calor do jogo. A verdade é que, quanto mais os dois lados estão empenhados em ganhar, mais valioso se torna um arranjo de regras inflexíveis. Jogadores durante um jogo podem formular novas táticas, podem improvisar novos métodos de ataque e defesa, podem até fazer o que for para diminuir a expectativa de vitória dos oponentes, exceto inventar novas regras. Essa ação é marcadamente de caráter raro e empregada apenas fora das temporadas.

Há muito mais a dizer acerca da relevância do temperamento conservador, mesmo para um caráter como o nosso, que ruma em direção oposta. Não mencionei moral, religião; porém, talvez eu já tenha dito o suficiente para mostrar que, mesmo que ser conservador em todos os aspectos da vida seja algo tão distante de nosso hábito de pensar que chega a ser incompreensível, há certamente algumas atividades em que essa inclinação é o elo dominante e outras em que ela nunca deixa de estar presente, mesmo como coadjuvante.

III

Como, então, faremos para construir um fio condutor da disposição ao conservadorismo com respeito à política? Nesta tentativa, não me interesso em meramente delinear essa tendência dentro de um arranjo de circunstâncias, mas sim elucidar suas linhas nas circunstâncias contemporâneas.

Na hora de investigar os atores políticos ditos conservadores, os autores que se lançam nessa tarefa canalizam a atenção para as crenças sobre o mundo em geral, sobre os seres humanos como um todo, sobre o conjunto de associações e até mesmo sobre o universo; e eles nos informam que a disposição a ser conservador na política pode seguir somente na linha dessas ideias. É dito, por exemplo, que o conservadorismo na política é uma contrapartida apropriada ao conservadorismo da conduta humana: ser reformista em negócios, religião, e ser conservador em política, é tido como incongruente. Também é dito que o conservador no campo da política assim o é por possuir crenças religiosas; crenças, estas, como a de que há uma lei natural que pode ser deduzida da experiência humana, e em uma ordem providencial refletindo um propósito divino na natureza e na história humana em que seria dever da humanidade conformar sua conduta e se livrar do que gera injustiça e calamidade. Além disso, é dito que uma disposição ao conservadorismo na política reflete o que pode ser chamado de teoria «orgânica» da sociedade humana; de que ela é ligada à crença no valor absoluto da personalidade humana, e com a convicção em uma primordial propensão dos seres humanos ao pecado. Chegou-se ao ponto de o conservadorismo de um inglês ser associado até mesmo com a família real e o anglicanismo.

Agora, deixando de lado as reclamações normais que alguém possa virar a fazer sobre essa descrição da situação, esta me parece sofrer de um grande defeito. É verdadeiro que muitas dessas crenças de fato pertenciam a muitos conservadores na política, e também pode ser verdade que muitas dessas pessoas acreditavam que levantar essas bandeiras era a prova de que possuíam uma disposição a ser conservador; no entanto, da forma como entendo, o temperamento conservador não implica que alguém tenha que acreditar nessas verdades ou lutar por elas. A bem da verdade, não acho que ele tenha que estar conectado com nenhuma bandeira em particular sobre o universo, sobre o mundo em geral ou sobre a conduta humana. O que o diferencia no contexto político está relacionado às crenças na forma como a política deve ser costurada no dia a dia e como deve funcionar os instrumentos de governo. Para deixar claro meu ponto de vista antes de partirmos para a elaboração mais detalhada, as linhas que formam a figura da disposição conservadora na política não têm nada a ver com leis divinas ou ordem natural, nem com moral ou religião; é a observação de quatro maneiras de viver combinadas com o paradigma de que a atividade de governar é específica e limitada, provendo e zelando pelas regras gerais de conduta, que são entendidas, não como planos para se impor atividades substantivas, mas como capazes de possibilitar que as pessoas persigam seus próprios interesses com a frustração mínima. Tudo isso exige uma postura conservadora.

Vamos começar pelo que acredito ser o ponto de partida: não de maneira empírica, mas com nós mesmos e como viemos ao mundo. Eu e meus vizinhos, meus associados, meus compatriotas, meus amigos, meus inimigos e aqueles a quem sou indiferente são pessoas que se engajam em diferentes tipos de atividades. Estamos aptos a entreter uma pletora de opiniões em qualquer assunto concebível e estamos abertos a mudar essas crenças à medida que vamos ficando cansados delas ou quando se provam sem utilidade. Cada um de nós segue o próprio caminho; e não há projeto tão improvável que ninguém o persiga, nem empreitada tão tola que ninguém a adote. Há aqueles que passam a vida tentando vender cópia do catecismo anglicano a judeus. E metade do mundo está engajada em tentar fazer a outra metade querer o que nunca quis até hoje. Todos nós temos a tendência de ser bem passionais quanto ao que nos interessa, seja fazer ou vender coisas, seja negócios ou esporte, religião ou estudos, poesia, bebidas ou drogas. Cada um de nós tem sua própria preferência. Para alguns, a oportunidade de fazer escolhas (que são inúmeras) é uma chamada prontamente respondida; outros não a recebem tão bem, e até a consideram um fardo. Alguns cultivam sonhos de mundos novos e melhores; outros tendem a seguir por caminhos mais familiares ou preferem não fazer nada. Alguns deploram a rapidez das mudanças, outros se deleitam com elas; todos as reconhecem. Por vezes nos cansamos e caímos no sono: é um alívio divino olhar as vitrines de lojas e não encontrar nada que queiramos; somos gratos à feiura somente porque repele nossa atenção. No entanto, para a maioria, estaríamos perseguindo a felicidade quando conseguimos saciar nossos desejos que brotam uns dos outros de maneira inesgotável. Engatamos relacionamentos de interesse e emoção, de competição, de parceria, de tutela, de amor, de amizade, de ciúmes e de ódio, alguns acabam sendo mais duradouros que outros. Fazemos acordos entre nós; temos expectativas quanto à conduta uns dos outros; aprovamos, desaprovamos e somos indiferentes. As multiplicidades de atividades e as variedades de opiniões ensejam embates: produzimos caminhos que cruzam os de outros, e não aprovamos todos os tipos de conduta. Entretanto, em geral, nos damos bem uns com os outros, às vezes cedendo, às vezes resistindo, outras firmando compromissos. Nossa conduta consiste, na maioria das vezes, em assimilar nossos interesses aos de outros através de pequenos ajustes.

Por que as coisas têm de ser assim não importa. Nem, em verdade, necessariamente têm que ser assim. Podemos muito bem imaginar um mundo diferente, e sabemos que em outras épocas e em outras regiões as coisas nunca foram tão multifacetadas e imprevisíveis como hoje, além de opiniões nunca terem sido tão diversas e, portanto, havia raras chances de causar colisões. O fato, porém, é que reconhecemos nossa condição dessa forma. Apesar de ser uma condição adquirida, ela não foi planejada nem pensada por ninguém como que para escolhê-la em detrimento de outras. Ela é um produto, não da «natureza humana», mas da capacidade que os seres humanos adquiriram de fazer escolhas por si próprios. E sabemos tão pouco acerca de onde ela nos levará quanto sabemos qual será a moda de modelo de chapéus ou de carros daqui a vinte anos.

Analisando de perto, veremos que algumas pessoas ficam irritadas com a ausência de ordem e coerência, que lhes parecem ser os aspectos dominantes dessa condição; sua tendência ao desperdício, à frustração, à dissipação da energia humana, à sua falta não meramente de destino premeditado, mas sim de ao menos um sentido de direção. Ela oferece um suspense nos moldes que uma corrida de stock car transmite; mas não garante nada da satisfação de uma empreitada com as próprias forças. Essas pessoas tendem a exagerar a desordem atual; a ausência de plano é tão patente que os pequenos ajustes, ou mesmo os arranjos maiores, que visam restringir o caos, lhes parecem irrisórios; não se sentem aconchegadas no calor da entropia reinante, só divisam o mormaço que emana de seus inconvenientes. Porém, o que salta aos olhos não é a limitação de seus poderes de observação, mas seu ângulo de observação. Pensam que deva existir algo que possa converter esse caos em ordem, uma vez que esta não seria a melhor forma de homens racionais viverem a vida. Como Apolo quando viu o cabelo de Dafne caindo levemente em volta de seu pescoço, elas respiram e dizem a si mesmas: «e se isso fosse arrumado apropriadamente?». Além do mais, elas nos informam de que viram em um sonho uma maneira mais gloriosa, menos conflituosa de toda a humanidade viver, e tomam esse sonho como o mandato para ir atrás de remover as diversidades e seus consequentes conflitos que nossa situação atual nos proporciona. É claro que seus sonhos não são todos iguais; mas eles têm isto em comum: cada um é uma visão de condição de circunstância humana na qual a chance de existir conflito foi apagada, uma visão de atividade humana coordenada e lançada em uma direção única e onde cada recurso é explorado ao máximo. E tais pessoas convenientemente entendem o ofício de governar como a imposição de suas vontades sobre seus súditos da condição de circunstância humana de seus sonhos. Governar é transformar um sonho pessoal em uma maneira compulsória de viver. Destarte, a política se torna uma reunião de sonhos e a atividade de governar passa a consistir na busca por instrumentos que os traduzam em realidade.

Minha intenção não era criticar esse salto para o estilo glorioso de fazer política, em que governar é compreendido como a perpétua tentativa de domínio dos recursos de energia humana para concentrá-los em uma direção; isso não é de maneira alguma impensável, e há muitos elementos em nosso contexto atual que o confirma. Meu propósito é assinalar que há sim outro modo de entender o governo, e pode ser perfeitamente explicável, até talvez mais apropriado a nossas circunstâncias atuais.

A raiz dessa outra disposição relativa ao ato de governar e aos instrumentos de fazer política — disposição conservadora — está na aceitação da atual condição humana da forma como a descrevi: a propensão para fazermos nossas próprias escolhas e encontrar prazer em assim agir, a variedade e os objetivos que cada um persegue com paixão, a diversidade das crenças defendidas, cada uma com a convicção da verdade exclusiva; a inventividade, o transitório e a ausência de um plano maior; o excesso, a hiperatividade e os compromissos informais. E o ofício de governar não é impor aos outros suas crenças, nem educar ou tutelar ninguém, nem fazê-los melhores e mais felizes de outra maneira, nem direcioná-los, incentivá-los a agir, liderá-los ou coordenar suas atividades de forma que nenhum conflito surja; o ofício de governar é simplesmente garantir que a lei seja cumprida. Essa é uma atividade específica e limitada, facilmente degenerada quando combinada com outra qualquer, e, nas circunstâncias acima, indispensável. A imagem do mandatário é a do árbitro cujo trabalho é administrar as regras do jogo, ou a do juiz que toca um debate de acordo com as regras da audiência.

As pessoas que comungam de tal inclinação defendem sua crença (de que a atitude propícia em relação à condição atual de circunstâncias humanas é a de aceitação) apelando para certas ideias gerais. Elas alegam que há um valor absoluto no jogo aberto das escolhas humanas, que a propriedade privada (o símbolo do poder de escolha) é um direito natural, que é somente no gozo da diversidade de opinião e interesse que a crença verdadeira e a boa conduta podem ser alcançadas. Mas não creio que essa disposição necessite acreditar nisso para se fazer visível. Algo mais simples e menos pretensioso bastaria: a observação de que essa condição de circunstâncias humanas é, na verdade, momentânea, e que aprendemos a desfrutá-la e a lidar com ela; de que não somos crianças *statu pupillari*, mas sim adultos que não se consideram na obrigação de justificar suas preferências na hora de tomar suas próprias decisões; e de que vai além da experiência humana supor que os governantes foram dotados de uma sabedoria superior que os leva a possuir um repertório de crenças mais avançadas que lhes dê o direito de impô-lo sobre seus súditos. Em suma, se a um homem de tal temperamento for perguntado: por que devem os governos aceitar as diversas opiniões que existem hoje em prol de impor seus sonhos sobre a população?, seria suficiente responder: por quê? Seus sonhos não são diferentes dos de ninguém, e, se é chato ter de ouvir os sonhos dos outros, é terrível ser forçado a vivê-los também. Toleramos os maníacos, mas por que aceitaríamos ser governados por eles? Não seria (pergunta-se o conservador) possível para um governo proteger seus cidadãos contra o incômodo daqueles que gastam suas energias e suas riquezas a serviço de uma indignação menor, lutando para impô-la sobre todo o resto, não suprimindo suas atividades, mas estabelecendo um limite para a quantidade de barulho que possa ser emitido?

No entanto, se essa aceitação constitui o traço da disposição ao conservadorismo na política, o conservador não supõe que o ofício de governar seja não fazer nada. Da forma que ele entende, há muito trabalho, mas que só poderá ser feito aceitando genuinamente as crenças do momento simplesmente porque é assim que o mundo se apresenta. E, brevemente, a capacidade que ele atribui ao governo seria a de resolver eventuais choques que tamanha diversidade de crença invariavelmente enseja; preservar a paz, não colocando empecilhos à escolha e à diversidade que nasce do exercício da liberdade de ter preferências, não impondo uniformidade substantiva, mas reforçando leis gerais de procedimento sobre todos de maneira equânime.

O governo não começa, pois, da forma como o conservador entende, com um ponto de vista de um mundo diferente e melhor, mas com a noção de que cada homem deve praticar uma espécie de «autogoverno» quando leva a cabo a conduta de seus negócios pessoais; começa nos pequenos ajustes que devem ser feitos para acomodar interesses com potencial de se colidirem, evitando um mal maior caso a colisão realmente se concretize. Algumas vezes esses ajustes não passam de acordos costurados por duas partes interessadas em não perpetuar a querela; outras são de maior alcance e de caráter mais duradouro, a título de exemplo temos o *International Rules*, que versa sobre a prevenção de embates marítimos. Resumindo, a força do governo deve ser baseada no ritual, não na religião ou na filosofia; na prática do comportamento pacífico e ordenado, não na busca pela verdade ou pela perfeição.

 Entretanto, o autogoverno dos homens apaixonados por suas crenças e interesses tende a ruir justamente quando se faz mais necessário. É sempre mais fácil resolver disputas de menor porte, mas para além disso as coisas começam a complicar. Um ritual mais preciso e menos suscetível de ser corrompido se faz necessário para aplacar grandes embates que nossa forma de viver gera, livrando-nos de grandes frustrações. O tutor de tamanho ritual é «o governo», e as regras que ele impõe são «as leis». Podemos imaginar o governo engajado em tal atividade como um árbitro mediando uma disputa de interesses sem o auxílio de leis, como um juiz de futebol que não necessita de regulamento, fazendo uso de julgamentos pontuais para melhor dirimir possíveis querelas. Sem embargo, a economia sem sentido de tal arranjo fica tão patente que ele só seria possível para aqueles que se inclinam a enxergar que o governante dispõe de poderes sobrenaturais e para os que o enxergam como algo distinto do que realmente é — um líder, um tutor, um gerente. De qualquer maneira, a disposição em ser conservador na política é enraizada na aceitação da condição das circunstâncias humanas tal como elas são, e portanto a única forma de governar é assegurar que as regras de conduta sejam devidamente respeitadas. Em suma, ser conservador na política é um reflexo do que consideramos ser apropriado para as regras de conduta.

Governar para o conservador é, assim, prover um *vinculum juris* para essas formas de conduta que, dadas as devidas circunstâncias, tenham menos chance de resultar em uma colisão frustrada de interesses; providenciar um novo arranjo e compensação para aqueles que são lesados por ilegalidades; algumas vezes punindo aqueles que buscam seus interesses à margem da lei; e, logicamente, disponibilizar a força suficiente para que a autoridade seja mantida no intuito de legitimar essas medidas. Portanto, governar é aceito como uma atividade específica e limitada; não como a gerência de uma empreitada, mas como a lei que garante que as pessoas gerenciem suas próprias empreitadas. Não diz respeito a pessoas concretas, mas a interesses; e com interesses que corram o risco de se chocar uns com os outros. Não tem nada a ver com impor uma moral boa ou ruim, não é um projeto de endireitar as pessoas ou melhorá-las; ela nos é indispensável não porque somos «naturalmente depravados», mas porque nossa disposição atual tende a nos deixar ao menos mais extravagantes; seu intuito é manter os seres humanos em paz uns com outros nas atividades em que cada um escolheu para ganhar a vida. E, caso haja algum ideal geral que se tire desse ponto de vista, é que, talvez, todo governo que não consiga sustentar a lealdade de seus súditos não vale nada. E, enquanto aquele que (como na antiga frase puritana) «serve a verdade» é incapaz de assim agir (porque alguns de seus comandados não concordarão com o conceito de verdade), aquele que for indiferente tanto à «verdade» quanto ao «erro», somente almejando a paz, não colocará nenhum obstáculo para receber a verdadeira lealdade.

Agora, é claro o bastante que qualquer um que pense dessa maneira acerca do governo deveria ter ojeriza da inovação: o governo está oferecendo regras de conduta, e familiaridade é uma virtude da maior importância quando se fala em regras. No entanto, ele conserva espaço para outros pensamentos. A condição atual de circunstância humana é uma em que novas atividades (frequentemente advindas de novas invenções) estão aparecendo constantemente e cada vez mais se estendendo, e em que crenças estão sendo a todo tempo modificadas ou descartadas; e, se as regras forem inapropriadas às atividades e crenças atuais, seria tão ruim quanto se elas não tivessem nenhuma familiaridade. Por exemplo, uma variedade de inovações na forma de fazer negócios, parece ter feito com que a lei de direitos autorais (*copyright*) ficasse obsoleta. E pode-se dizer que nem os jornais nem os carros nem os aviões receberam o devido reconhecimento pela lei inglesa: todos criariam empecilhos que clamam para serem abatidos. Ou, de novo, ao final do último século nosso governo se engajou em uma extensa codificação de grande parte de nossas leis e, fazendo isso, fez com que tanto as leis se tornassem mais familiares às crenças e atividades atuais quanto as insulou de pequenos ajustes a circunstâncias características de operações de nossa *common law*. Porém, muitos desses *status* estão desatualizados. E existem velhos *acts of parliament* (como o Merchant Shipping Act) que governam grandes pedaços da máquina estatal, que estão ainda mais inapropriados às atividades que regem. Entretanto, da forma como o conservador enxerga, as modificações de regras devem sempre refletir, e nunca impor, uma mudanças nas atividades e nas crenças daqueles que as professam, não podendo jamais ser tão grandes que destruam o conjunto. Dessa forma, o conservador não terá a ver com inovações feitas para atingir situações hipotéticas, ele sempre preferirá reforçar uma lei que já possui antes de inventar uma nova; ele julgará apropriado atrasar uma modificação da lei até ficar claro que a mudança da circunstância que ela fora designada a refletir veio para ficar por um bom tempo; sempre terá suspeitas de propostas que excedam ao que a situação exige, ou governantes que demandem superpoderes para realizar grandes mudanças e cujas verbalizações estão sempre atreladas a generalidades do tipo o «bem comum» ou «justiça social», e de «*saviours of society*» que se armam de lanças e espadas e saem caçando dragões; considerará mais prudente examinar a ocasião de inovação com cuidado; em suma, estará disposto a encarar a política como uma atividade em que um rico conjunto de instrumentos é renovado de tempos em tempos, sempre afiados.

Tudo isso pode ajudar a iluminar melhor a disposição conservadora na política; e, se expandirmos um pouco mais esse raciocínio, poderemos entender várias facetas do conservador, como política externa. Será possível, também, entender por que ele atribui tanta importância à complicada disposição do que chamamos de «as instituições de propriedades privadas»; compreender sua razão em refutar a ideia de que a política nada mais é do que uma sombra da economia; mostrar por que ele acredita que a principal atividade econômica em que um Estado deve se engajar é a manutenção da estabilidade monetária. Porém, antes disso, acredito que haja algo mais a ser dito.

Para algumas pessoas, o «governo» parece ser um enorme reservatório de poder que as inspira a sonhar com a melhor forma de usá-lo. Elas têm projetos favoritos, de diferentes dimensões, que sinceramente acreditam ser para o bem da humanidade, e capturar essa fonte de poder, se necessário aumentá-la, e usá-la para impor suas vontades sobre seus companheiros é o que entendem como a aventura de governar. Essas pessoas estão, pois, programadas para reconhecer o governo como um instrumento de paixão; a arte da política seria inflamar e direcionar desejos. Em resumo, governar seria como qualquer outra atividade — fazer e vender uma marca de sabão, explorar os recursos de uma região ou construir um bloco de apartamentos — com a única diferença de que aqui o poder (pelo menos a maior parte) já está mobilizado, e a empreitada é notável somente porque visa ao monopólio e por causa de sua promessa de sucesso uma vez capturado o poder. Lógico que um político assim hoje em dia não iria longe, a não ser que houvesse gente com necessidades tão vagas que chegasse mesmo a se interessar por suas ofertas, ou tão servis que preferissem a promessa de abundância em troca da oportunidade de escolher suas preferências por conta própria. E tal aventura não é nenhum mar de águas calmas; muitas vezes até em regimes democráticos um político assim se confunde e, de repente, sua máscara cai na frente de todos.

Agora, a disposição em ser conservador reflete uma concepção totalmente diferente do ofício de governar. Um homem de tal temperamento entende que não cabe ao governo inflamar os ânimos jogando mais lenha na fogueira, mas sim injetar nos seus um ingrediente de moderação; restringir, desinflar, pacificar e reconciliar; não remexer o fogo dos desejos, mas acalmá-los. E tudo isso, não porque paixão seja vício e moderação seja virtude, mas porque moderação é indispensável se os homens passionais pretendem escapar de um embate explosivo. Um governo desse tipo não precisa ser visto como um agente da previdência benigna, como um zelador da ordem moral ou como o emblema da ordem divina. O que ele provê é algo que seus súditos (se eles são gente como a gente) podem facilmente reconhecer como valioso; a verdade é que isso é algo que, em certa medida, eles fazem por eles mesmos ao longo do curso normal dos negócios pessoais. Quase não precisam ser lembrados de sua indispensabilidade, como Sextus Empiricus nos conta dos antigos persas e seu costume de suspender as leis durante cinco dias depois da morte de um rei. Em geral, não são contra pagar uma quantia modesta para ter esse serviço; e reconhecem que a atitude apropriada em relação a esse tipo de governo é de lealdade (algumas vezes uma lealdade confiante, outras vezes uma lealdade ardente à Sidney Godolphin), respeito e alguma suspeita, não amor, devoção ou afeição. Sendo assim, governar é entendido como atividade secundária; mas é também reconhecido como uma atividade específica, muito difícil de ser combinada com outra, porque todas as outras atividades (exceto uma mera contemplação da cena) implica tomar partido, enquanto do governante se exige que adote uma indiferença apropriada (sobre pontos de vista variados). Os súditos de tal governo demandam que ele seja forte, alerta, resoluto, econômico e nem caprichoso nem superativo: de nada lhes serve um juiz que apita um jogo sem seguir as regras, que toma um lado, que joga um jogo à sua maneira ou que está a todo tempo apitando; no fim das contas, o que importa é o jogo, e para jogá-lo não precisamos ser, nem no momento nem em disposição, conservadores.

No entanto, há algo mais a ser observado nesse estilo de governança, além das restrições impostas pelas regras familiares e convenientes. Lógico que um governo não se curvará a mimos ou qualquer outra coisa além da lei; um avuncular *home secretary* ou um ameaçador *chancellor of the exchequer*. Mas o vislumbre de sua indiferença às crenças e às atividades substantivas de seus súditos pode por si só provocar um hábito de restrição. No calor de nossas empreitadas, no meio do embate passional de nossas crenças, com nosso entusiasmo de salvar as almas de nossos vizinhos ou de toda a humanidade, um governo desse calibre injeta um ingrediente, não de razão (como seria isso?), mas de ironia, que serve para anular um vício em outro. É quando a galhofa inibe a extravagância sem dar uma sabedoria, quando a zombaria dispersa a tensão, quando do uso da inércia e do ceticismo: a bem da verdade, podemos dizer que mantemos um governo com essas características para fazer o papel de ceticismo que não temos tempo nem inclinação necessária para praticar. É como a sensação de frescor que exala de uma montanha mesmo estando a certa distância em um dia de verão. Ou, deixando de lado as metáforas, é como um «governante» que, ao controlar a velocidade com que as parte se movem, impede que um motor caia em pedaços.

Não é, pois, mero preconceito bobo que leva um conservador a sustentar tal ponto de vista acerca das atividades de um governo; nem é preciso nenhuma crença metafísica megalomaníaca que o enseje ou que o explique. Ele é conectado somente com a observação de que, onde haja uma atividade de empreendimento, é necessário que haja sua contrapartida, ou seja, uma atividade de restrição. Tal reação será sempre corrupta quando seu objetivo for além da restrição, descambando para a imposição de projetos favoritos. Um árbitro que também é jogador numa partida não é um árbitro; regras nas quais não estamos dispostos a ser conservadores não são ordens, são um convite para a desordem; a conjunção de sonho com governo se degenera em tirania.

IV

O conservadorismo político não é, então, impossível de ser visualizado por aqueles mais aventureiros e empreendedores, que veneram a mudança e que se inclinam a analisar suas afeições em termos de «progresso». E não é preciso acreditar que a crença no «progresso» seja a mais cruel e pouco proveitosa de todas, atiçando cupidez sem nunca chegar à satisfação, para que alguém pense ser inapropriado da parte do governo se mostrar demasiado «progressista». É verdade que a disposição em ser conservador relativa ao governo pareceria ser eminentemente apropriada a homens que pensam por conta própria, que têm habilidades a praticar ou um legado intelectual a deixar, pessoas cujas paixões não precisam ser inflamadas, cujos desejos não precisam ser provocados e cujas visões de um mundo melhor não são imediatistas. Tais pessoas conhecem o valor de regras que mantenham a ordem sem direcionar os interesses, uma regra que foca nos deveres liberando espaço para a diversão. Elas podem até estar preparadas para sofrer uma ordem legal eclesiástica; mas não seria porque acreditam que ela represente uma inapelável verdade religiosa, mas somente porque restringe a indecente competição entre as seitas e (como disse Hume) modera «a praga de um clero muito diligente».

Agora, se essas crenças são realmente dignas de nossas circunstâncias e das habilidades daqueles que nos governam, cabe discussão, porém elas são o que me parece tornar possível delinear a figura do conservador no campo político. O que mais representaria a conveniência dessa disposição além de nós mesmos? Ponderar se seríamos conservadores com respeito à política caso vivêssemos sob circunstâncias diversas, seria irrelevante. Estamos preocupados com nós mesmos da forma que somos. Penso que seria a mesma coisa independentemente de qualquer conjunto de circunstância. Entretanto, o que espero ter deixado claro é que não é inconsistente ser conservador na hora de governar e radical com todo o resto. Em minha opinião, há mais para aprender acerca da disposição de Montaigne, Pascal, Hobbes e Hume do que da de Burke ou Bentham.

Das muitas implicações tiradas de tudo isso, vou apontar uma, qual seja, a de que a política é uma área inapropriada para os jovens, não por causa de seus vícios, mas devido ao que considero ser suas virtudes.

Ninguém quer aqui insinuar que seja fácil adquirir ou manter essa postura indiferente que tal maneira de fazer política exige. Suspender suas próprias crenças e desejos, reconhecer o estado atual das coisas, sentir o balanço dos pesos na mão, tolerar o que é abominável, distinguir entre crime e pecado, respeitar familiaridade mesmo quando parece que está caminhando para o erro; tudo isso é muito difícil, e com certeza um jovem não tem condições de atingir tamanha maturidade.

A juventude de todo mundo é um sonho, uma loucura prazerosa, um doce solipsismo. Nada nela tem um formato fixo, nada tem um preço certo; tudo é uma possibilidade, e vivemos felizes no crédito. Não há obrigações a serem cumpridas nem contas a pagar. Nada é especificado anteriormente, tudo é o que se quer que seja. O mundo é um espelho onde buscamos a reflexão de nossos próprios desejos. O fascínio das emoções violentas é irresistível. Quando somos jovens não é de nosso feitio fazer concessões ao mundo; nunca sentimos o peso de algo em nossas mãos — a menos que seja um bastão de críquete. Não estamos aptos a separar nossos gostos de nossas estimas; urgência é nosso critério de importância; não nos parece fácil perceber que nem tudo que é rotina é deplorável. Somos impacientes com restrições; e acreditamos prontamente, como Shelley, que contrair hábitos é sinônimo de fracasso. Essas são, em minha opinião, nossas virtudes quando somos jovens; no entanto, quão longe elas estão de fazer parte do caráter de alguém que deve estar à frente de um estilo de governar que descrevi aqui. Já que a vida é um sonho, argumentamos (com uma plausível, mas equivocada lógica) que a política deve ser um encontro de sonhos, no qual nos cabe impor o nosso. Alguns infelizes, como Pitt (ridiculamente chamado de «o jovem»), nascem velhos, e estão prontos para se engajar em política desde quase a época de berço; outros, possivelmente mais afortunados, carregam o lema de que somos jovens somente uma vez, e nunca crescem. Mas esses são exceções. Para muitos, vale o que Conrad denominou «linha de sombra», que, quando a atravessamos, todo um mundo sólido de coisas se abre, cada uma com sua forma fixa, cada uma com seu ponto de equilíbrio, cada uma com seu preço; um mundo de fatos, não de imagens poéticas, em que o que gastamos em uma coisa não podemos mais gastar em outra; um mundo habitado por outras pessoas que não podem ser reduzidas a reflexos de nossas emoções. Quando chegarmos a esse mundo (nenhuma política social vai nos garantir essa entrada), quando apresentarmos a disposição para tal e não tivermos mais nada de bom para pensar, aí sim estaremos qualificados a exercer a atividade política.

Biblioteca antagonista

1. Isaiah Berlin – Uma mensagem para o século XXI
2. Joseph Brodsky – Sobre o exílio
3. E.M. Cioran – Sobre a França
4. Jonathan Swift – Instruções para os criados
5. Paul Valéry – Maus pensamentos & outros
6. Daniele Giglioli – Crítica da vítima
7. Gertrude Stein – Picasso
8. **Michael Oakeshott – Conservadorismo**
9. Simone Weil – Pela supressão dos partidos políticos
10. Robert Musil – Sobre a estupidez
11. Alfonso Berardinelli – Direita e esquerda na literatura
12. Joseph Roth – Judeus Errantes
13. Leopardi – Pensamentos
14. Marina Tsvetáeva – O poeta e o tempo
15. Proust – Contra Sainte-Beuve
16. George Steiner – Aqueles que queimam livros
17. Hofmannsthal – As palavras não são deste mundo
18. Joseph Roth – Viagem na Rússia
19. Elsa Morante – Pró ou contra a bomba atômica
20. Stig Dagerman – A política do impossível
21. Massimo Cacciari, Paolo Prodi – Ocidente sem utopias
22. Roger Scruton – Confissões de um herético
23. David Van Reybrouck – Contra as eleições
24. V.S. Naipaul – Ler e escrever
25. Donatella Di Cesare – Terror e Modernidade
26. W.L. Tochman – Como se você comesse uma pedra
27. Michela Murgia – Instruções para se tornar um fascista
28. Marina Garcés – Novo esclarecimento radical
29. Ian McEwan – Blues do fim dos tempos
30. E.M. Cioran – Caderno de Talamanca
31. Paolo Giordano – No contágio
32. Francesca Borri – Que paraíso é esse?
33. Stig Dagerman – A nossa necessidade de consolação...
34. Donatella Di Cesare – Vírus soberano? A asfixia capitalista

Fonte Arnhem
Impressão Formato
Papel Pólen Bold 90g/m²
Belo Horizonte, outubro de 2020